하나님을 만난 인류의 가장 위대한 한 천문학자

요하네스 케플러의 과학과 신앙의 SNS

배선복 지음

UUP

요하네스 케플러의 과학과 신앙의 SNS

- 2018년 12월 6일 **초판 인쇄**
- 2018년 12월 10일 **초판 발행**
- **지은이** 배선복
- **펴낸이** 오연천
- **펴낸곳** **UUP**(울산대학교출판부) 44610 울산광역시 남구 대학로 93(무거동) 울산대학교 출판부
- 전화 (052)259-2488 팩스 (052)277-3011 ▪ **홈페이지** http://uup.ulsan.ac.kr
- **출판등록** 제370-1996-000001호(1996.3.13)
- ₩ 14,000

이도서의 국립중앙도서관 출판도서목록(CIP)은 e-CIP 홈페이지(http://www.nl.go.kr/ecip)에서 이용하실 수 있습니다.(CIP제어번호: CIP2018039154)

ISBN 978.89.7868.151.3 (93230)

머리말

『성경』의 「창세기」는 하나님이 태초에 천지를 창조하고 밤과 낮을 칭한 다음, 6일에 걸쳐 만물을 창조하고, 7일째 날에 쉬었다고 한다. 인간을 포함하여 우주 만물을 창조한 이가 하나님이라는 것은 「성경」의 기록이다. 케플러는 행성 운동법칙으로 하늘의 해와 달과 행성들과 뭍별을 만드신 분을 만난 일을 묘비명에까지 적었다. 그는 자신과 만물을 지은 분에 대한 확고한 믿음에서 하나님을 만났다고 증언한다. 그가 만난 하나님은 밤이면 밤마다 낮이면 날마다 창조 사실을 기하학이나 음악, 등의 방법으로 알린다.

케플러가 우주 창조자를 만났다는 일은 빅뱅 이전이나 힉스 존재에 대한 논란처럼 엄청난 사건이 있었음을 의미할 것이다. 혹은 백두산이나 독도, 히말라야나 태평양은 누가 만들었느냐고 물을지도 모른다. 질문의 답변은 요순이나 복희씨의 설명에도 있다. 예를 들자면, 복희씨는 하늘 연못 불 번개 바람 물 산 땅의 상(象)을 보고 음과 양이 교류하는 사상(四象)을 만들어 그 근원인 음양(陰陽)이 만물을 창조하였다고 말한다. 그러나 케플러는 비유적으로 태초의 무에서 원의 중심인 하나님 성부(聖父), 중심에서 반경을 잇는 직선의 성자(聖子), 중심으로 반경으로 도는 원주의 성령(聖靈)이 우주를 창조하였다고 말한다. 삼각형과 사각형과 오각형으로 축구공에 가까운 주사위, 육면체, 팔면체, 십이면체, 이십면체의 정다면체 우주를 창조하였다고 말한다. 케플러는 이것을 사실로 믿었다. 케플러가 구축한 천체는 오늘날 현대 우주론의 근간을 이루면서 그가 말한 자연법칙의 방법론은 여전히 타당하다.

필자가 케플러에 관심을 가진 연유는 1993년 바일데어슈타트의 케플러 집을 방문하였던 체험에서 비롯되었다. 당시 레온베르크에서 살고 있던 박상선 동학의 집에 여러 날 묶으면서 케플러를 알았고 한국연구재단의 지원으로『우주의 비밀』을 번역하였다. 2016년 경동교회 선우회는「하나님과 만남」이라는 강좌에서 서울공대 화학과 성은영 교수를 통하여 케플러의 신앙을 조명하였다. 필자는 창의 과학문화재단을 통하여 안양 남초등학교 5학년과 6학년 학생들에게 케플러와 뉴턴과 라이프니츠의 삶을 소개하였다. 같은 내용으로 과천 중학교와 과천 문원중학교 중학생들에게도 케플러와 라이프니츠와 뉴턴의 수

2014년 교육부 재원으로 한국연구재단의 지원을 받아 수행한 연구과제 (NRF-2014S1A5A7035730)이다. 필자는 이 저작에서『우주의 비밀』의 라틴어를 해석한 심사자에 견해에 대한 일부 반론을 실었다.

학과 과학을 설명하였다.

필자는 이 책을 타이너의 『신앙과 과학의 거장, 요하네스 케플러』를 저본으로 SNS 형식의 소설로 재구성하였다. 케플러 삶의 유럽적 상황묘사는 타이너의 특유의 상상력에 맡겼다. 천체현상은 인간을 속이지 않기 때문에 케플러가 관찰하였던 상상력의 한계를 넘는 신성이나 혜성의 기록은 의외로 『조선왕조실록』에도 나와 있었다. 그 외에 이 책이 나오는데에는 빌켈의 『행성 운동과 케플러』, 뒤벡의 『카타리나 케플러』, 성영은의 『케플러. 신앙의 빛으로 우주의 신비를 밝히다』 등 여러 저자의 도움이 있다. 이 책의 중요한 메시지는 케플러가 3명의 유럽 황제에 맞서 개신교 신앙을 지키며, 자신을 속이지 않고 자신을 하나님 안에서 일치시키는 삶을 살았다는 점이다. 우리는 케플러의 삶에서 수학과 천문학, 과학과 예술이 기독교 신앙에서 일치되어 갔던길을 본다.

케플러를 만날 수 있도록 길을 안내하고 숙식을 제공했던 박상선 동학과 강연을 담당해준 성은영 교수와 케플러의 신앙적 삶을 경청한 경동교회 선우회원에게도 감사를 표한다. 그리고 케플러의 삶과 과학에 관심을 보여준 안양 남초등학교와 과천중학교 문원중학교 선생님들과 학생들에게도 감사를 드린다. 그들도 케플러를 닮는 과학자의 꿈과 이상을 실현하기를 빈다. 끝으로 이 책의 출간을 허락하고 섬세한 교정과 원고관리로 도움을 준 울산대 출판부에 감사를 드린다.

배 선 복

목차

0. 프롤로그

이 책은 요하네스 케플러의 과학과 신앙을 SNS 형식으로 타전한 과학 소설이다. 케플러는 태양 중심 세계에서 행성 운동 법칙의 발견으로 하나님을 만난 천문학자이다. 그는 겨우 7개월 만에 세상에 나왔지만 2살 무렵에 천연두에 걸려 생명이 경각에 달렸다. 전생터로 남편을 찾아 나서는 카타리나와 이를 막으려는 시아버지 사이의 일촉즉발의 갈등에서 천재일우로 살아난다.

플랑드르 전투에서 돈을 벌어온 아버지 하인리히는 어머니 카타리나와 에멜딩겐에서 「태양」이라는 여관을 구입하여 운영하였다. 요하네스는 커가면서 어린 나이에도 어떻게 해서든지 살아보려고 애쓰는 부모님의 여관 일을 손발이 닳도록 도왔다. 그러던 어느 늦가을 저녁, 요하네스는 부모님의 손에 이끌려 밤하늘의 혜성과 일식 현상을 경험한다. 1577년의 이 혜성은 유럽의 최고 천문학자 브라헤도 독일천문학자 메스틀린도 지켜보고 있었다. 여기서 2000년 이상 어둠에서 살아갔던 인류의 미래를 밝힐 위대한 한 천문학자의 꿈이 자란다.

요하네스는 독일어와 라틴어를 배우는 교육과정에서 탁월한 재능을 인정받아 아델베르크 신학교의 장학생으로 선발된다. 이때부터 그는 기숙사에서 공부에만 전념하므로 먹고 자는 문제를 해결하였다. 그는 아델베르크 신학교 졸업 이후에 입학인원 제한 때문에 1년을 기다렸다가 상급학교인 마울부론 신학교에 진학한다. 그는 마울부론 신학교에 다니면서 튀빙겐대학의 학부과정을 우수한 성적으로 졸업한다. 그는 학부 논문에서 달에서 지구와 천체의 행성들을 보게 된다면 세계는 어떻게 보일 것인지의 매우 도발적인 문제를 다루었다. 그 글은 코페리니쿠스의 태양 중심 세계관을 가장 대중적인 방법으로 확신을 가져다 줄수 있었다. 그래서 그가 튀빙겐대학 신학교 2년 과정을 밟자 교수들은 그의 문제 제기에 비상한 관심으로 주목하게 된다. 그런데 그가 졸업을 1학기를 남겨두었을 때 오스트리아 그라츠에 있는 개신교신학교에서 튀빙겐대학 앞으로 교수요원 추천에 관한 공문이 날아왔다. 튀빙겐대학은 수학과 천문학에 뛰어난 케플러를 추천하였다. 그는 학생신분으로 신학교를 졸업하기도 전에 교수가 되었다. 이는 케플러로서는 놀라운 사건이었다. 교수가 되자 그는 그라츠신학교에서 강의한 내용과 튀빙겐대학에서 공부한 연구 노트를 토대로 『우주의 비밀』이라는 책을 쓴다. 이 저작은 튀빙겐대학 교수진으로부터 호평을 받았으며 당시 유럽의 정상급 천문학자 갈릴레오와 브라헤로부터도 괜찮은 평가를 받았다. 그 덕택으로 어느정도 사회적 지위까지 얻은 그는 장인의 마음을 움직여 재혼까지 마친 딸 하나를 딸린 과부인 바바라를 만나 결혼에 골인한다. 케플러는 25세 바바라는 23세로 1597년 4월에 결혼식을 올린다.

이때 케플러는 우연치고는 너무나도 극적인 두 사건으로 삶의 반전(反轉)을 경험한다. 하나는 그라츠의 페르디난트 2세 대공이 반개신교 정책으로 루터 종파의 케플러를 그라츠에서 추방한 사건이다. 다른 하나는 브라헤가 우라니보르그 천문대가 있는 벤 섬을 떠나 유럽 전역을 돌며 정치적 망명처를 찾다가 프라하에 정착한 사건이다.

신성로마제국의 황제 루돌프 2세는 브라헤를 거액 연봉에 프라하 인근의 베나트스키 성에 살도록 하였다. 당시는 루터의 종교개혁으로 개신교와 카톨릭은 극심한 대립을 벌였다. 케플러는 그라츠에서 가톨릭으로 개종만 하면 미래를 보장받을 수 있었다. 케플러는 개신교 신앙을 지키면서 그라츠를 떠나 브라헤를 만나러 프라하에 갔다. 하지만 1601년 브라헤의 급서로 그의 관측데이터를 입수하고 그의 황실 수학자의 지위를 승계하게된다. 이 두 사건이 연동이 되어, 학문적 도약의 발판을 마련한 케플러는 브라헤의 관측데이터를 토대로 6년에 걸친 연구 끝에 천신만고의 행성 운동 1, 2 법칙을 발견하기에 이른다. 케플러는 이 발견을 하나님께서 당신이 영광과 예배를 받기에 합당하도록 자신을 이끌고 간 성령의 역사로 간증(干證)하였다.

프라하의 생활이 10년이 지나면서 프라하의 황실에는 루돌프 2세 황제와 마티아스 대공과의 형제의 난이라는 정변이 일어났다. 이 때문에 그는 사랑하는 아내와 아들을 잃는다. 프라하 생활에 염증을 느낀 그는 신임 마티아스 황제의 재가를 받아 프라하를 떠나 린츠로 간다. 41세의 케플러는 자녀 양육을 위하여 린츠에서 24살의 수잔네 뢰팅거를 만나 재혼한다. 가정생활이 안정되자 그는『우주의 조화』를 집필한다. 그가 이 책 5권의 한 구석에 3 법칙을 적는 동안 어머니에 대한「마녀재판」이 일어났다. 어머니를 변호하기 위하여 고향으로 내려간다. 그는 3 법칙이 비상식적이고 미신적인 힘을 버리고 합리적 사고를 열어가는 길잡이라고 믿었다. 3 법칙은 우리의 오감이 관여하는 모든 대상을 지배한다. 사람이 만나서 옷깃을 스치는 순간에서 처마로 떨어지는 추녀 끝 빗방울에도 있다. 하늘에서 내리는 눈송이에서 밤하늘을 수놓은 별들과 뭇 행성들의 운동에 이르기까지 세계 도처에 있다.

한편 루돌프 2세 황제의 후임인 마티아스 황제는 가톨릭주의자 페르디난트 2세 대공을 차기 황제로 지명하였다. 그러자 보헤미아의 개신교 귀족들은 반기를 들었다. 개신교 지도자들은 반개신교 정책을 지지하던 가톨릭 집정관을 의회사무실 창밖으로 내던졌다. 이른바 프라하의 '창밖 투척' 프라하 황성의 사건이 일어났다. 이에 격분한 신임 페르디난트 황제는 가톨릭 제후국의 세력을 등에 업고 27명의 개신교 지도자들을 효수한다. 케플러는 황제가 적대시하는 영국의 개신교 군주 제임스 1세에게『우주의 조화』를 헌정한다. 제임스 1세와 그의 사위의 프리드리히 5세 폰 팔츠 대공이 페르디난트 황제가 반대하는 개신교 세력인 점을 고려하면 프라하 광장 교탑에 걸린 이들의 목에는 케플러도 포함될 수 있었다.

페르디난트 2세 황제는 케플러에게서 황실 수학자의 지위를 재신임하면서 개신교에서 가톨릭으로 개종을 요구하였다. 황제는 그간 밀린 봉급을 지급하되, 단, 지급처는 프라하가 아닌 도시로 지정하였다. 케플러는 가톨릭 개종의 요구를 거부하고 전임 황제의 유훈을 받들어 『루돌프표』를 완성하면서 린츠의 체류 이유를 댄다. 그는 결국 린츠를 떠나면서 프라하 황실의 권력의 핵으로 급 부상한 발렌슈타인 장군의 제안에 따라 슐레지엔의 자간으로 떠난다. 그는 그 사이에 슈트라스부르크에서 딸 수잔네를 의사 출신 바르취와 결혼시키고, 그 사이에 딸을 얻는다. 그는 새로운 정착지인 자간에서 그간 밀린 연봉을 받기 위하여 비쩍 마른 조랑말을 타고 생애의 마지막 여행을 떠난다. 그는 당시 황제를 중심으로 선제후 제국의회가 열리고 있는 레겐스부르크로 말을 몰고 간다. 그가 레겐스부르크 석교를 건너 친구 집에 숙박하자, 그에게 심한 독감이 밀려온다. 황제는 발렌슈타인 장군을 총사령관직에서 해임하고 시종관을 보내 케플러를 병문안 하도록 한다. 그는 추위와 과로로 건강을 회복하지 못하여 죽음에 이른다.

케플러는 일평생을 약 20,000km의 중앙 유럽을 돌아다니며 하나님을 만나기 위하여 여행하였다. 그가 하나의 행성이거나 굴러다니는 돌이거나 먼지라면, 거시세계에서나 미시세계에서, 그가 이동한 거리에도 분명히 행성 운동법칙이 적용된다. 그는 타원궤도의 거리, 면적, 입체의 법칙에 따라 신앙과 과학의 삶을 살았다. 그에 따르면, 인간 정신은 하나님이 우주를 창조하였을 때와 같이 자연을 들여다보면 누구나 우주의 근본적 진리를 자유롭게 증명하며 살아 갈 수 있다. 17세기 이래로 과학의 발전은 가톨릭보다 개신교 신학이 훨씬 더 많이 공헌하였다. 개신교 신앙을 가진 과학자가 가톨릭 과학자보다 많은 과학과 신앙의 결실을 맺었다고도 할 수 있다. 그가 남긴 과학의 유산은 신앙에 있다. 신앙을 올바로 지니고 자연을 알아가려고 하면 과학의 세계가 열린다는 것이다.

갈릴레오에게 자연의 책은 수학의 언어로 써진 것이라면, 그는 자연의 책과 『성경』에서 하나님을 찾았고 만났다. 그는 과학자로서 3명의 신성로마제국 황제의 가톨릭 개종의 요구를 거부하고 개신교 신앙을 지켰다. 그의 과학과 신앙의 삶은 한국에서 살아가는 기독교인들과 중고등학생들과 대학생에 이르기 까지 본받아야 할 가치가 있다.

1. 천연두의 주술

1571년 12월 27일 오후 2시 30분. 인류의 가장 위대한 한 천문학자가 7개월 만에 이 세상에 태어났다. 우주 공간을 점한 그의 생명의 첫 순간은 이러하다. "내가 너를 지구에서 안았던 시간은 '224일 9시간 53분이다.' 네가 태어난 곳은 남독일 슈투트가르트에서 남쪽으로 23km, 튀빙겐 북서쪽으로 30km 떨어진 바일네어슈타트이다." 마을 사람들은 신비한 성령의 소유자인 카타리나[1]가 이제부터 육아에 전념하게 됐다고 쑥덕거렸다. 그녀는 이웃 마을의 엘팅겐의 시장이자 여관집 주인 굴덴만의 딸이다. 그녀는 제발트[2]가 운영하던 「천사에서」 여관에서 일하다

1 카타리나 케플러(K. Kepler, 1546-1622)는 케플러의 어머니이다.
2 제발트 케플러(S. Kepler, 1519-1596)는 케플러의 할아버지이다.

가 그의 아들 하인리히와 사랑에 빠졌다는 소문이 파다하게 떠돌았다. 제발트와 굴덴만은 명망 높은 지방 유지로서 상대가문의 명예를 존중해서 자녀의 결혼식을 일찍 서둘렀다. 카타리나 굴덴만과 하인리히 케플러[3]는 1571년 5월 15일에 결혼식을 올렸다. 두 사람 사이에 태어난 이 아기는 나자마자 마을의 가톨릭교회에서 사도 요한 기념일에 따라 요하네스라는 세례명을 받았다. 하인리히 케플러는 칼뱅주의 네덜란드가 합스부르크 황실에 대항하여 독립운동을 하자 대공을 따라 플랑드르 전선으로 뛰어들었다. 그는 합스부르크 스페인 알바 대공 휘하의 포병장교로 일했다.

1575년 9월 가을, 저녁 무렵이다. 바일데어슈타트의 뷔름강 언덕 너머로 붉은 해가 막 뉘엿뉘엿 숨어들었다. 시장 제발트는 시장집무실 창가에서 일몰을 바라보며 생각에 잠겼다. 제게뮐러 방앗간을 순찰할 때 지방 귀족 피셔와 이웃 마을의 의회대표 만프레드가 쑤군거리던 대화가 귓전을 맴돌았다. "요즘 시장 아들은 어디에 있지?" 꼬불꼬불한 콧수염을 기른 피셔가 내뱉듯이 물었다. "플랑드르 전투에서 아직도 알바 대공 편에서 싸우는가 봐!" 옆의 만프레드가 거들었다. "지금은 반군 가운데에도 황실 지지 세력이 늘어나고 있어. 이 전쟁은 개신교가 이길지 가톨릭이 이길지 도무지 종잡을 수 없어."

제발트는 순시를 중단하고 곧장 시청으로 말 머리를 돌렸다. 여느 날과는 달리 퇴근을 일찍 서둘렀다. 꼿꼿한 몸차림으로

---

3 하인리히 케플러(H. Kepler, 1547-1590)는 케플러의 아버지이다.

시장집무실을 나섰다. 수행비서가 황급히 마차를 대령하였다. 제발트는 손짓으로 물리치고 곧장 시청 정문을 나섰다. 제발트 머릿속에는 12년 전 막시밀리안 2세 황제로부터[4] 기사 작위를 재승인 받던 때가 주마등 같이 떠올랐다. 집안의 5대조께서[5] 지기스문트 황제로부터[6] 로마의 티베르강 다리에서 기사 작위를 받으셨다. 당시에 수여된 문장은 기사 집안의 내력을 말해준다. 하지만 지금은 황제가 모든 것을 다스릴 수 없다. 자신은 기사 작위를 내려놓고 바일데어슈타트의 시장으로 종교의 자유를 보장한다. 아들의 정치참여는 루터 이래로 유지해온 케플러 가문의 개신교 전통에 어긋난다. 아들은 자유도시 시장의 골칫거리이다.

단단하게 다져진 돌바닥 위로 검은 포장마차가 빠른 속도로 덜컹거리며 지나갔다. 말이 콧김을 품자, 육중한 가을걷이 가축 냄새가 허공으로 떠돌아다녔다. 제발트는 의도적으로 광장 한가운데를 가로질렀다. 어둠이 깔리면서 광장 둘레의 호프집 붉은 등불이 하나둘씩 켜졌다.

케플러 집안은 반세기 전에 뉴른베르크에서 남부 독일의 바일데어슈타트로 이주하였다. 그때 이래로 이 자고 아름다운 옛 도시의 좁다란 거리는 케플러 집안의 삶의 터전이다. 집의 위층 창가에 서면 검푸른 숲 너머로 아기자기하게 자그마한 평원이 펼쳐진다. 집의 옥상에는 뷔름 강둑의 긴 굴곡을 따라 올라

4 막시밀리안 2세(Maximillian II, 1527-1576)는 신성로마제국의 황제이다.
5 제발트 케플러(S. Kepler)는 케플러의 7대조이다.
6 지기스문트(Sigismund, 1368-1437)는 신성로마제국의 황제이다.

온 박공이 열매를 맺으며 주렁주렁 매달린다.

제발트는 광장 남쪽 둘째 골목길 좌측 집에 도착하자 대문 정면 위에 걸린 가문의 기사문장을 쳐다보았다. 세상은 여전히 전쟁 중이다. 신성로마제국의 기사 가문은 개신교와 가톨릭 사이의 갈등에서 한 치 앞을 못 내다본다.

대기 중인 하인이 마중을 나오며 집안 문을 열었다. 그 순간 현관에서 이층계단의 발 턱에 잔뜩 짐을 꾸려놓은 트렁크를 발견하였다. 며느리 카타리나는 기어코 전쟁터의 남편을 찾아 나서려 벼르는 모양이다. 도저히 생각조차 할 수 없는 일이다. 카타리나는 조금 전까지 두 살배기 요하네스에게 젖을 먹이고 있었다. "나는 이 손자를 맡을 수 없다." 제발트의 목소리는 거실의 입구에서 3층 다락방까지 쩌렁쩌렁 울렸다. "너는 아이를 돌볼 의무가 있다. 세상에 자식을 내팽개치고 전쟁터로 떠나는 애미는 없다." 카타리나가 거실에서 사푼사푼 걸어 나와 남편을 마중하였다. 그녀는 나직이 소리치며 걱정스러운 표정을 지으며 말했다. "목소리를 낮추세요. 아이가 금방 잠들었어요."

아기 요람 좌우에는 간 창이 걸렸고, 위로는 쌍칼이 십자로 교차하였다. 쌍칼 위에는 누더기처럼 헤어진 퇴색한 전쟁 깃발이 흩날렸다. 요하네스는 조금 전까지 침대 요람에서 힘겹게 꿈틀거렸다. 지금은 막 잠들어 조용해졌다.

큰 키에 비쩍 마른 시어머니 카타리나는 30년간의 힘든 노동으로 좀처럼 웃는 표정을 얼굴에 드러내지 않았다. 그녀의 도톰한 입술은 가늘고도 기다랗게 높이 걸린 코를 따라 올라갔다. 그녀는 여러 천을 모아서 기운 검은 드레스를 입었다. 그녀가 거실을 서성일 때마다 드레스가 방바닥에 닿아 부대끼기는 소리가 났다. 카타리나는 그녀의 손을 아이 이마에 갖다 대었다. 염려스러워하는 목소리로 조심 조심 말했다. "손자가 몹시 아파요."

제발트는 거실에서 침실로 들어가려다가 요람에서 멈춰섰다. "솔직하게 말씀드리리다. 우리 자식은 가족을 내버리고 전쟁터로 떠났소. 루터 교인을 반역도로 몰아 죽이러 플랑드르로 떠났소, 루터파 믿음의 형제들을 죽이고 있어요. 주님의 형벌을 피할 수 없소! 그놈은 우리가 바일데어슈타트에서 첫 번째 루터교인 집안이라는 사실을 잊었어요. 가문을 먹칠해도 유분수지. 난 이 손자에게 모든 것을 걸고, 그놈은 앞으로 자식 취급을 하지 않겠소." 제발트가 오른주먹을 번쩍 들어 허공을 치며 단호하게 말했다.

갑자기 계단 꼭대기에서 카타리나가 그림자처럼 거실에 나타났다. 하녀는 단단하게 동여맨 그녀의 옷감 보따리를 부지런히 아래층으로 날랐나.

할아버지의 검은 눈은 불현듯이 불이 났다. "네 아이 건강이 말이 아니다." 카타리나는 차갑게 응수하였다. "이 아이는 아버님 손자예요. 약을 날짜 별로 제조해놓았으니 걱정하시 마세요. 제가 나가 있는 동안, 제가 지은 약을 먹이시면 돼요."

카타리나는 자신을 마치 굉장한 천연산 약제조 전문가같이 말했다. "네 약! 내 약을 먹으면, 나아질 거야." "제가 지은 약은 무엇이 잘못되었지요?" 카타리나의 올라간 목소리가 시어머니의 말을 거슬렀다. "너의 약 조제법은 마녀의 술에서 오지 않았니?" 카타리나는 말했다. "온 마을 사람들이 너의 큰엄마를 기억한다. 큰엄마는 갓난 아기 때부터 너를 키우며 자신이 가진 모든 비법을 너에게 전수 해주었다. 사람들은 그녀가 마법을 부린다고 말뚝에 걸어놓고 돌로 쳐 죽였다. 네 큰엄마는 마녀로 죽었다."

모두가 할 말을 잃었다. 잠시 침묵이 흘렀다. "집안 여자들은 이젠 더이상 입방정을 떨지 말라." 제발트가 벼락같이 소리쳤다. "징후를 보니 이 아이는 천연두를 앓는 것이 분명하다. 마녀의 액체도 천연산 약초도 아이를 치료할 수 없다. 천연두는 치료도 처방도 없다. 오직 하나님께 기도드리고 은혜를 기다리는 것 외에는 별도리가 없다. 기도만이 이 아이를 죽음의 늪에서 벗어나게 할 것이다. 아이가 병에서 회복되면, 우리는 네가 전쟁터로 떠나는 문제를 타협하마."

안드레아스 키저의 1682년도 바일데어슈타트

카타리나는 시아버지의 허락에 반색하였다. "제가 집에 있다고 아이 건강이 빨리 회복된다고는 장담할 수는 없어요. 저는 그이를 만날 수 있다고 믿어요." 카타리나는 애원하였다. "저는 추운 겨울이 닥치면 홀란트 저지대로 들어서서 얼어붙은 진흙과 늪지대를 헤매게 될지도 몰라요. 아픈 아이를 데리고 떠나는 여행은 도저히 감당 할 수 없다고요." 카타리나는 반문하였다. "요하네스는 아버님께서 원치 않는 손자인가요?" 카타리나는 동의하지 않았다. "성가시다는 말이 아니다." "누가 이 아이를 돌봐줘요?" 카타리나가 카타리나를 쳐다보며 당돌하게 따졌다. 시어머니를 애써 무시하며 시아버지에게 직설로 쏘았다. "아버님은 이 아이를 돌보시지 않아도 됩니다. 엘팅겐에 있는 친정아버지 굴덴만이 외손자를 돌봐주실 겁니다. 아버님은 엘팅겐의 시장이시고 루터교회 장로이시니까요. 아버님은 성경 말씀에 따라 자신의 가족을 돌보지 않는 교인은 불신자보다 더 악질이라는 말씀을 자주 하셨어요."[7]

세발트는 딕수염을 꼬면서 민지작기렸다. 머느리의 말이 송곳처럼 자신의 가슴을 찔러 들어왔다. 그는 자신을 여호와를 경외하는 기독교인으로 생각했다.[8] 그는 생각에 잠긴 채 이마 주름을 찡그렸다. 제발트는 전전히 동의할 것을 생각하였다. "좋다! 나는 손자를 우리 곁에 데리고 있겠다. 대신 넌 하인리히를 찾아야 한다. 고향으로 꼭 데려와야 한다." 카타리나는 가느다란 사지에 넓고 창백한 아들의 얼굴을 내려다보며 안도의 한숨을

---

7 디모데전서 5장 8절.
8 시편 112.

쉬었다. 그녀는 말했다. "제가 돌아올 때까지, 요하네스는 아버님과 한 지붕 밑에 살 수 있게 해달라고 주님께 기도할래요."

요하네스는 엄마의 검은 머리와 갈색 눈에 호리호리한 몸매를 닮았다. 아이가 몸을 뒤척거렸다. 땀으로 흠뻑 젖은 얼굴에 곱슬머리의 검은 머리카락이 뒤엉켰다. 등과 팔다리에 성난 붉은 상처의 흔적이 드러났다. 제발트는 숙달된 눈매로 몸 전체를 훑어보았다. 그는 질병재해 관리 본부에서 이런 일을 수없이 돌보아왔다. 잠시 후 붉은 물집이 터질 것이다. 상처가 덧나면서 가려움과 고통을 불러일으킨다. 그것은 불구로 만들거나 장님으로 만든다. 살아났던 사람은 가려운 부위를 긁지 않고는 배겨날 수 없다. 이 질병은 가련한 마마의 자국을 남길 것이다.

제발트는 하녀 장을 불렀다. "집안의 하인과 자주 들락거리는 일꾼을 포함한 모든 식구를 거실로 불러라." 삼삼오오(三三五五) 모인 회중에는 침묵이 흘렀다. 제발트가 한두 차례 헛기침을 한 다음 좌중을 둘러보며 알렸다. "천연두에 걸려보지 않았던 사람은 지금 이곳을 떠나야 한다. 이 질병에 한번이라도 걸렸던 사람은 이 집에 머물 수 있다. 이 병은 같은 사람을 두 번 걸리게 하지 않는다. 걸렸던 사람들은 괜찮다."

간밤에 카타리나는 지하실 맥주 저장고에서 악취가 나는 약을 제조하였다. 그녀는 수저에 약을 담아 요하네스의 입속으로 정성스럽게 집어넣었다. 가족 가운데 하녀들은 그녀의 약효가 어떻게 나타날지 궁금하게 기다렸다.

이튿날 제발트는 시청 시장집무실로 서둘렀다. "손자의 병환에는 차도가 있습니까?" 시청 대기실에서 신분 의회 의장 슈미

트가 궁금하였다. 시장 비서가 당일 결재서류를 들고 와서 공손히 대기하였다. 제발트는 숱이 많은 눈썹을 치켜 올리고 어깨를 으쓱거렸다. "우린 여러 주 동안 바람 잘 날이 없어. 앞으로 얼마나 많은 험상 궂은 일들이 닥쳐올지 가늠할 길조차 없어." 시장이 퉁명스럽게 말했다. 그리고 비서에게 뷔름 강둑에서 진행 중인 하천 양식장 시찰일정은 취소하라고 지시하였다.

요하네스는 여전히 고통스러운 날을 보냈다. 여러 주가 지나자 요하네스의 상태가 차츰 나아지는 기미를 보였다. 카타리나는 이때를 기다려 남편을 만나러 네덜란드로 떠날 채비를 챙겼다. "넌 하인리히를 데려오너라." 제발트는 노여운 마음을 추스르고 며느리를 격려하였다. "무슨 수를 쓰더라도 찾아내고 말거에요." 카타리나는 말했다. 그녀는 말 위에서 짙은 적색 승마망토를 뒤로 젖힌 체 말 고삐를 잡았다. 제발트는 손자를 향한 안타까운 속마음을 숨겼다. "요하네스는 지금 네가 떠나는 줄 모를게다. 다행히 아이의 열은 많이 내렸다. 그러나 여전히 악몽을 꾸는 모양이나." 카타리나는 여행 보따리를 마차에 실어 마을 어귀까지 따라 나갔다. 카타리나는 코블렌츠를 거쳐 아헨까지 가서 동태를 살핀 다음 릭상브르로 들어갈 예정이였다. 그녀는 시어머니와 한차례 긴 포옹을 뒤로 하고 플랑드르 전선으로 떠났다.

1576년 12월 27일, 요하네스의 네 번째 생일은 침대에서 지냈다. 케플러 집에는 일가친척이 함께 모여 대가족으로 산다. 개중에는 조만간 해외 선교로 떠나는 선교사도 있었다. 이날은 잉골슈타트에서 예수회 선교사 친척이 방문하여 떠들썩하였다. 요하네스는 침대에서 몸을 일으켰다. 집의 대문 밖에는 장사꾼들이 몰려들고 있었다. 요하네스는 시장 공기 냄새를 맡으며 코를 훌쩍거렸다. 베이컨 기름의 신 냄새와 푹 끓인 양배추의 숨 막히는 냄새가 그의 코를 찔렀다. 시장에서 물건 값을 흥정하는 주민들과 상인들 사이의 왁자지껄하는 소리는 명랑한 가락의 봄의 교향곡처럼 울려 퍼졌다.

2. 밤하늘의 별구경을 한 소년

월요일 아침 어둑한 새벽, 케플러 집 앞에는 시청직원과 하인들이 분주하게 움직였다. 제발트는 거실의 거울 앞에서 정장으로 몸단장을 하고 황금빛 시장 메달을 목에 걸었다. 그는 어깨너머로 붉은 망토를 걸치고 옆구리에 칼을 갖다 댔다. 오늘은 제발트가 대공을 알현하러 슈투트가르트 뷔템베르크 성으로 출장을 떠난다. 무두 마차 좌우로 일렬로 대령하였다.

요하네스는 2층 창가에서 입에 초콜릿을 물고 침대 커튼을 확 잡아당겼다. 그리고 자신을 감추고 어떤 사람을 뚫어지도록 바라보았다. 오랜 질병 끝이라 입속에 문 초콜릿이 과히 달게 느껴지지 않았다.

제발트는 마차에 오르기 전에 창문에 있는 요하네스를 쳐다보았다. "여기 보아라! 오늘은 좀 괜찮냐?" 요하네스는 말했다. "배가 고파요." 제발트가 미소 지었다. "그래? 결국은 녀석이 살아난 모양이구나." 요하네스는 말했다. "할아버지! 간밤에 꿈을 꾸었어요. 공중으로 훨훨 날아다니는 꿈이어요. 하늘 높이 솟아올랐어요. 아주 높이 날아가서 어지러웠지만 결국 달에 올라갔어요."

"넌 너무 오랫동안 집에 처박혀 있었어. 나는 오늘 뷔템베르크 대공을[1] 알현(謁見)하러 출장을 떠난다. 갔다가 돌아오면 오후에는 가벼운 산책이나 하자. 따뜻한 봄 날씨는 기분을 좋게 할 거야." 집 앞 정원에서 봄 햇빛을 받으며 자라난 꽃들이 꽃망울을 피웠다. 예쁜 여섯 꽃잎의 빨강과 노랑 튜울립이 살포시 고개를 들었다. "아주 좋아요." 요하네스가 말했다.

제발트는 아픈 손자를 끔찍이 아끼고 사랑하였다. 하지만 아들 하인리히 때문에 손자에 대한 감정을 자제하였다. 그는 시중드는 하녀를 불렀다. "요하네스에게 영양가 높은 아침 식사를 준비해주어라. 에그, 베이컨, 뜨겁게 구운 롤과 신선한 우유."

제발트는 약속한 대로 오후에 돌아왔다. "내려 와라, 요하네스야! 도시를 구경시켜주겠다." 요하네스는 헐렁헐렁한 소매에 컬트 조끼를 입고 할아버지를 따라나섰다. 얼굴을 내리쬐는 오후의 따스한 봄빛은 병상에서 무거워 진 그의 발걸음을 가볍게 하였다.

제발트는 시청 옆 건물인 역사박물관에서 도시의 역사부터

1 루드비히 3세(Ludwig III, 1568-1583)는 남부 독일 뷔템베르크 대공이다.

설명하였다. "바일데어슈타트는 독일에 있는 가장 작은 제국 직영 도시이다. 우리는 슈투트가르트나 울름같이 크지 않지만 어엿한 자유 독립 도시다. 오늘 대공을 만나서 그의 굳은 의지를 확인하였다. 모두 200명 정도의 바일의 시민은 자유도시의 독립성에 자부심을 느끼며 살아간다."

제발트는 손자의 손을 잡고 높은 첨탑이 솟은 교회 앞에서 멈추었다. 마침 종탑에서 은은한 종소리가 울려 퍼졌다. "우리 주변의 여러 나라는 종교문제로 골치 아프다. 우리는 사람들이 자유롭게 예배할 도시에 살도록 허락하신 하나님 아버지께 감사한다. 영토를 통치하는 자가 종교를 선택한다. 제후가 국민이 드리는 예배를 어떻게 막을 수 있겠니? 바일 땅을 다스리는 왕은 없다. 우리는 자유 시민이야."

할아버지와 손자는 시내를 벗어나 뷔름 강변의 시골 장터에 도착하였다. 인근의 마을에서 특산품을 가져온 농민들이 도매상과 흥정하며 빽빽 외쳤다. 장터 건너편 망루 아래에는 온갖 잡동사니를 갖다 놓고 파는 벼룩시장도 열렸다. "이렇게 많은 사람들이 있담." 요하네스는 뜻밖에 많은 군중의 모습에 놀랐다. 남자들은 양복 조끼와 꽉 끼는 반바지에 긴 부츠를 신었다. 여자들은 흰 저고리에 검정 바탕의 여러 줄무늬가 있는 치마를 둘렀다. 상품을 진열한 가판대 옆에는 요하네스와 같은 소년 소녀들이 손님들의 관심을 끌려고 목소리를 높였다. 시장 상인은 대부분 넓은 테두리에 빨갛거나 파란 색깔의 모자를 썼다.

요하네스는 군중에 둘러싸인 할아버지 손을 놓지 않고 따라갔다. 그는 여기저기 고풍의 색깔이 있는 깃털을 꽂은 길다란 고깔모자도 발견하였다. 개들은 온갖 냄새 맡으며 꼬리치며 돌아다녔다. 농촌 소녀들은 송아지와 염소들을 돌보았다. 동물의 똥오줌으로 짓눌린 땅 냄새가 시골 장터 공기를 진동시켰다. 층층이 진열된 가판대 위에는 각종 싱싱한 상품으로 풍성하게 넘쳐났다. 제발트는 상품을 주문했다. "마른 열매, 와인, 치즈, 통감자 한 광주리." 주인이 가판대 건너편의 아내에게 말했다. "여기에 이 손님의 주문을 받으시오. 나는 축사에 들어갔다 오리다." 다른 상인들은 금속도구, 세공 의류, 흉상 그림, 상감 무늬를 한 놀이판, 기름 항아리와 가죽 장식 책을 판매하였다. "보쇼!" 한 상인이 불렀다. "제발트 시장님과 손자군요" 주변의 상인들이 시장 한복판에 나타난 시장과 손자의 출현을 알아보고 환호하였다. 그들은 시장과 손자가 자신들의 가판대를 지나기 전에 마실 음료, 사과 조각, 푸른곰팡이 무늬가 난 로크포르 치즈 조각을 주었고 게으른 황소 등에 태워주었다. 하인리히는 지치는 줄도 모르고 신나게 놀았다. "집에 돌아갈 시간이다." 할아버지가 땀으로 흠뻑 젖은 손자에게 말했다.

그날 밤 온 집안 식구들이 다 함께 식탁에 둘러앉았다. 할아버지가 머리를 숙이고 저녁 식사를 위한 기도를 드렸다. 식탁을 치우고 나자 그는 벽난로의 화덕 소파에 앉아 요하네스를 불렀다. 그는 찬찬히 요하네스의 얼굴을 살피며 검사하였다. 마마 자국은 온몸을 덮었다. 얼굴은 많은 부분이 이미 아물어 가고 있었다. "네가 아직 어리기 때문에", 제발트는 진단하였다. "마마 자국은 더 크면 흐릿해져 사라질 것이다." 그는 요하네스의 손을 보고서는 아무 말도 하지 않았다. 요하네스의 손가락은 이미 불구로 구부러졌다. "네 눈을 보자!" 할아버지는 거실의 외딴방으로 들어갔다. 그는 한 손가락을 올렸다. "몇개의 손가락이 보이느냐?" "하나!" 요하네스는 사팔뜨기를 하면서 순식간에 대답하였다. 할아버지는 말했다. "오른 눈을 감아라." 그가 눈을 가렸을 때, 제발트는 다시 한 손가락을 올렸다. " 몇 개가 보이느냐?" "둘이요. 그러나 잘 안보여요." "이중약시이다." 할아버지 제발트는 카타리나에게 알렸다. "이 아이는 이중약시이지만 왼눈 시력은 나쁘지 않소."

카타리나가 말했다. "그렇게 된 것은 천연두 때문이죠." 요하네스는 이층 방으로 올라가 침대로 갔다. 그는 지친 모습으로 깊은 잠에 빠져들었다. 여러 달이 지났다. 전선으로 떠난 아빠엄마로부터는 여전히 아무런 소식이 없었다.

할아버지는 매주 일요일 가정 예배를 인도하였다. 가정예배에는 형제자매 가족과 이웃 가족들도 함께 참여하였다. 시에서 루터교회 목회자를 따로 두지 않았기 때문이다. 가정예배에는 루터 독일어 성경이 유일한 지침서였다. 할아버지는 손지가 쓸모 있는 삶을 살아가야 한다고 설교를 대신하였다.

바일데어슈타트에 루터 종파 실교자가 오는 날이 있다. 그런 날 온 가족이 교회로 나서는 행렬은 장관이었다. 요하네스는 어린이 성경학교 성경 구절 외기 경연에 참여하였다. 그는 성경 이야기가 너무나도 재미있었다. 그는 교회학교 선생님들이 읽어주는 독일어 성경을 경건하게 경청하였다. 다른 어린이들도 열심히 하였다. 요하네스는 한번 들은 성경 구절은 반드시 기억하여 암송하였다. 단숨에 큰 소리로 또박또박 말했다. 일

등이었다. 요하네스는 찬송을 즐겨 불렀다. 단순한 찬송이라도 하나님의 영광을 위한 것이라면 목소리를 다하여 열심히 불렀다. 요하네스는 특별히 어린이 찬송을 좋아하였다.

침대도 요람도 없이 아기 예수 구유에 누었네.
밤하늘 별들은 그가 누운 곳을 내려다보네.
아기 예수 건초 위에 잠들었네.

여름이 오자 제발트는 아침 일찍 지팡이를 들고 손자를 채근하였다. "여기에 너의 보검과 방패가 있다." 그는 말했다. "오늘은 전쟁출정 일이다." "무슨 뜻이지요?" 손자가 물었다. "나는 너를 통감자재배지역의 파수 대장으로 임명하였다." 제발트는 설명하였다. "적으로부터 농장의 먹거리를 보호하여라." "누가 적이에요?" 요하네스가 물었다. "들쥐들!" 제발트가 말했다. "그 고약한 놈들을 통감자재배지역에서 몰아내라."

들쥐들은 매일 아침저녁 시간대에 가장 활동적 이다. 요하네스는 망루의 벽에 삼각형 그림으로 요주의 대상을 표시 하였다. 그곳은 적들, 통감자재배지역, 감시 장소. 야생동물로부터 브로콜리, 양배추, 콩, 완두콩, 멜론, 오이를 지킬 이상적인 감시 장소이다. 그곳은 허수아비처럼 서 있기만 하여도 먹거리를 지킬 수 있다.

아빠와 엄마 없이 지낸 2년이 영원 속으로 흘러갔다. 카타리나는 요하네스의 네 번째 생일을 쉬자마자 떠났다. 뜻밖에 그날은 도둑처럼 찾아왔다. 아무 누구에게도 알리지 않았다. 요하네스는 이제 거의 여섯 살이다. 집 앞에서 초인종이 요란하게 울렸다. 카타리나와 하인리히가 화려한 위용으로 마을에 나타났다! 망루에서 들쥐를 감시하던 요하네스는 지팡이를 내던지고 직선거리로 집으로 달려갔다. 요하네스는 붉은 얼굴에 점박이 턱수염 군인이 아버지임을 직감하였다. 곧장 품 안으로 안겼다. “사랑하는 내 아들!” 하인리히는 벅찬 감동으로 부르짖었다. 하인리히는 요하네스를 두 손으로 붙잡아 치켜들고 “어느새 컸구나!”라고 소리쳤다. 하인리히는 아들에게 많은 무늬가 그어진 투구, 모피 가죽 장식의 외투와 위협적인 스페인 검을 주의하라고 명령했다.

위풍당당한 장교의 뒤에는 한 팀의 말이 이끄는 육중한 마차가 서 있었다. 마차 운전대 뒤 칸에는 카타리나가 앉아서 하녀의 호위를 받고 있었다. 카타리나는 푸른 승마 망토를 걸쳤다. 그녀가 긴 스커트를 들고 마차에서 내리자 하녀가 재빨리 다리를 굽히며 부축하였다. 카타리나는 내리자마자 요하네스의 이마에 가볍게 키스하고 마차에서 짐을 내리라고 지시하였다.

요하네스 집안에 오랜만에 웃음이 넘쳐났다. 모두가 서로를 얼싸안고 등을 두드리는 순간 그들은 행복하였다. 행복한 순간이지만 복잡 미묘한 감정과 뒤섞였다.

하인리히는 배낭꾸러미를 풀어헤쳤다. 전쟁 노획물이 가득 들어있었다. 하인리히는 포대에서 하나하나 끄집어낸 물건들을 진열하며 자랑하였다. 황금 잔, 은으로 된 식탁 세트, 반지, 그리고 값비싼 보석으로 두른 반짝거리는 목걸이가 나왔다. “이것들은 아버님 댁에서 안전할 것입니다.”

이를 듣고 있던 제발트의 심기가 뒤틀렸다. 할아버지의 표정이 일그러졌다. "아니다!" 제발트가 말했다. "내 집은 검으로 피묻힌 시체에서 훔친 전리품을 전시하는 박물관으로 만들 수는 없다." 곧장 부자간의 언성이 높아졌다. 하인리히는 말했다. "아버님 진정하십시오. 저는 직업 장교입니다. 부끄럽지 않습니다. 전 가문의 명예와 제국의 영광을 위하여 싸웠습니다." 제발트가 말했다. "바일데어슈타트는 너를 환영할 수 없다. 넌 믿음의 형제를 배신하였다!" 하인리히는 황금 동전이 든 무거운 가죽 보따리를 끌어냈다. "제 재산은 어느 쪽에게나 상관이 없을 것입니다." 제발트가 말했다. "사람은 돈이 있을 때는 친구들이 꼬이지. 그러나 가난은 독고성 동물이야. 돈이 떨어질 때는 눈 녹듯이 사라진다."[2]

레온베르크 전경

2 잠언 14장 20절.

친구들은 동네 여인숙에서 거창하게 전우회 환영식을 베풀었다. 친구들은 몇 주 동안 모여서 밤이 새는 줄 모르게 전쟁 영웅담을 들었다. 하인리히는 술값을 냈고 전쟁터에서 겪였던 크고 작은 무용 행위를 열렬하게 자랑하였다. 제발트는 며느리를 타일렀다. "아들은 자신의 경험담을 과장하여 떠벌리는 모양인데, 그것으로 즐거워하는 친구들은 믿지 못할 아부자야. 그들은 모두 빈껍데기 이야기를 듣고 맞장구치고 있어. 아들은 바엘데어슈타트의 명예를 먹칠했는데도 모두 정신 못차리고 홍청망청하는구나." 카타리나는 끄덕였다. "그러나 우리 요하네스는 가문의 명예를 빛낼 거예요." "맞다." 제발트가 동의하였다. "요하네스는 아주 총명하다."

며칠 후 하인리히가 문을 열어젖히고 기운찬 목소리로 알렸다. "레온베르크에 좋은 집 한 채가 매물로 나왔어. 곧장 거기로 이사하자." 레온베르크의 집은 주위로 줄줄이 이어진 집들 벽 사이에 끼어있었다. 주변 집들이 일렬로 밀집되어 있어서 봄철에는 따스하였고 추운 겨울에는 단열효과가 컸다. 집 건물의 날카롭게 경사진 지붕 아래에는 작은 창문이 달렸다. 다만 시장으로 나가려면 두 블럭을 지나가야 하는 것이 아쉬웠다. "이 집은 정원도 들판조차 없어." 요하네스는 새로 이사한 집이 마음에 들지 않았다. 또한 엄마도 요하네스의 말에 귀를 기울이지 않았다. 동생 크리스토퍼를 낳았기 때문이다. 그녀는 갓난 애에 모든 관심을 퍼부었다. 그녀는 새집과 새 아이가 남편을 정착시킬 것이라 희망하였다.

하인리히는 매일 쏘다녔다. 그의 가죽 돈지갑은 매일매일 깊이 파내려갔다. 레온베르크 도심의 입구 여인숙은 밑 빠진 독이었다. 하인리히는 전쟁터에서 가져온 전리품을 매주 마다 팔아치웠다. 하인리히와 카타리나는 다투었다. 그녀는 한 푼이라도 아껴가며 저축하려고 하였다. 하지만 더 이상 지출을 감당할 수 없었다. 레온베르크에는 한동안 가라앉는 분위기가 계속되었다.

소년은 희망을 부풀리며 주말을 기다렸다. 소년은 자갈길 도로 위로 따가닥 거리며 다가오는 말발굽 소리를 들었다. 누가 오나 보려고 급히 창문으로 달려간 소년의 불침번은 늘 보상받았다. 할아버지가 말고삐를 당기고 말을 세웠다. 늘 주위를 살피면서 안장에서 내려 조심스럽게 집 앞 돌계단에 말을 묶었다. 요하네스가 문을 열고 할아버지를 맞이하려고 달려 나왔다. 제발트는 팔을 커다랗게 벌리고 손자를 가슴에 안았다. 할아버지는 크리스토퍼 동생에게 별도의 선물을 준비하였다. 요하네스는 냅킨에 포장한 달콤한 케이크를 받았다.

할아버지는 집안에 들어서자 빈약한 가구로 채워진 거실이며 부엌을 혐오스럽게 둘러보았다. 카타리나는 시아버지의 눈길을 따라가며 말했다. "아버님, 저는 그이가 그렇게까지 오래가지 못할까 걱정이 되요. 음주 끈은 허풍에 이골이 났고, 그이는 더 이상 술값을 치를 돈도 없어요." "성경 말씀대로이다." 제발트가 말한다. 그는 머리를 좌우로 휘저으면서 말했다. "아, 예! 부자는 많은 친구를 만드나, 가난한 자에게는 친구가 떨어져 나간다."[3] 카타리나는 끄덕거렸다.

---

3 잠언 19장 4절.

"하인리히는 집에 붙어 있으려고 하긴 해요. 하지만 집에 있을 때는 안절부절못하고 야단법석이 일어나요. 그이는 들판에 풀어놓은 망아지 같아요. 불쌍해요." 할아버지는 며느리의 하소연을 다 듣고 나서 누런 봉투를 꺼내 들었다. "이것은 아가가 아이를 돌보며 하녀를 쓰고 생활에 보탬이 되라고 주는 돈이다. 내 연봉의 절반이니, 잘 쓰도록 하여라. 독일의 정통 기사 가문은 여자들이 손수 가사를 하도록 놔두지 않는다. 네 아버지는 시장이고, 나도 시장이다. 비록 시대가 변하여 모든 기사 가문처럼 하지는 못할지라도, 나는 너희들을 돌보아 주겠다." 할아버지는 하인리히가 잠자러 집에 들어오기 전에 떠났다.

하인리히는 어느 날 늦은 저녁 모두 잠들고 있는 동안 이층 계단의 다락방으로 조심조심 올라갔다. 그는 이날 밤 금고를 조사하였다. 그는 촘촘하게 맞추어진 금고문을 열었다. 가죽 가방을 꺼내 바닥으로 털어냈다. 유일한 금 주화 한 개가 떡갈나무 테이블 위로 떨어지며 공허하게 울렸다. 금고 트렁크 뚜껑을 열어 젖혔다. 거기도 비어있었다. 더러운 캔버스 가방에는 찌그러진 은주화만 포장된 채로 들어있었다. "나는 다시 전쟁터로 나서야 한다." 하인리히는 단호히 중얼거렸다. "알바 백작이 네덜란드에서 나를 다시 부르고 있다."

카타리나가 눈치채고 다락방으로 올라가 애원하였다. "안돼요! 어린 것과 간난이를 두고 떠나지 말아요." 그녀의 얼굴은 새하얗게 질렸다. 그녀는 손을 쥐어짰다. "이번은 날 데리고 떠나요. 군인은 가족을 데리고 간대요. 오직 이기적인 남자만 아내와 아이들을 내버려 둔데요. 시장에 가면 남들이 나를 뭐라고 손가락질하고 말하는 줄 아세요? 케플러의 여편네다. 남편이 다시 혼자 놔뒀네. 동네 사람은 나를 불쌍하게 볼 것이에요."

하인리히는 움찔하며 말했다. "전쟁터에서 제발 여자를 꼬리표 붙여서 나서지 말게 해줘요. 당신은 집에 있어야 편안해요." 카타리나는 흐느끼며 읊조렸다. "여기에 있으라면 있겠어요. 하지만 창피해서 얼굴을 쳐들고 다니지 못하겠어요."

요하네스는 침대의 어둠 속에 숨어서 부모님의 이야기를 들을 수 있었다. 하지만 잠든 척하였다. 아버지의 목소리는 높고 으르렁거렸고, 어머니의 목소리는 가여웠고 가늘었다. 다음 날 아침, 엄마는 여느 다른 날과 같이 아무렇지 않은 듯하였다. 그녀는 집안 대청소를 하고 크리스토퍼를 목욕시켰고, 달콤한 사과 냄새나는 덤플링을 먹였다. 카타리나는 간밤에 하늘을 쳐다보며 점을 쳤다. 그녀는 하늘에서 매일매일 일어나는 조짐(兆朕)을 읽는 신기한 능력의 여자였다. 그녀는 혼자서 가만히 중얼거렸다. "별점이 안 좋게 나왔다."

요하네스는 곧 여섯 살이 되었다. 그는 자신이 갑자기 커진 같이 느꼈다. 그는 글렘스 개울로 떠나보낸 지팡이같이 자신을 흐르는 물결로 떠나보냈다. 아버지는 1년 남짓 가족과 함께 지냈다. 요하네스는 어린 나이지만 아버지를 떠나보낸 후 훌쩍 성숙해졌다. 그는 매주 일요일 레온베르크 교회의 찬송예배에 참석하였다. 본당은 발 디딜 틈이 없을 정도로 꽉 찼다. 요하네스는 엄마를 따라 틈새에 자리 잡고 말씀에 귀를 기울였다.

순회 성직자는 열렬하게 긴 설교를 하였다. 그는 사람은 하나님을 경외하고 말씀에 복종하며 살아야 한다고 하였다.

1575년-1579년까지 레온베르크 집

예배위원이 나와서 큰 독일어 성경에서 성경 구절을 봉독하였다. 요하네스는 참으로 즐거웠다. 라틴이 이외에 독일어로도 하나님의 말씀을 받는다는 것 자체가 너무나도 신기하였다.

제발트가 손자에게 말했다. "성경책을 독일어로 읽을 수 있게 된 것은, 우리가 이 세상에서 태어나서 누리는 가장 좋은 행운이라고 감사해야 한다. 백 년 전에는 모든 교회가 가톨릭이었다. 그때 성경은 라틴어로 읽혔지. 오직 학자들만 성서를 읽고 이해할 수 있있지." "오늘날은 어때요?" 요하네스가 물었다. 할아버지는 설명하였다. "마르틴 루터 선생이 성경 말씀을 라틴어에서 민족의 공통 언어로 번역하였다. 그는 모든 사람이 하나님의 말씀을 듣고 이해하며 살아가야 한다고 믿었다. 성경은 학자와 성직자만을 위한 말씀이 아니지." "저는 성경에 대하여 더 많이 알고 싶어요." 요하네스는 주님의 기도와 십계명을 외우면서 일했다.

1577년 어느 추운 가을날 밤, 카타리나는 요하네스를 모포로 칭칭 둘러쌌다. 그녀는 아들의 손을 잡고 야트막한 언덕을 따라 울창한 숲이 우거진 작은 들판 에르네로 데리고 갔다. 그곳에서 얼마 떨어지지 않은 곳은 레온베르크 시의 공원묘지가 있다. 그녀는 들판 한가운데에서 아들에게 별들로 가득 찬 밤하늘의 궁창(穹蒼)을 가리켰다. "야, 무수하게 많은 별이 떴다. 저들은 내가 오늘 여기에 있는 줄 알까?" 요하네스가 물었다. "물론이지. 저들은 우리가 안 보아도 우리를 비춰준다. 엄마는 모든 사람이 두려워 하는 혜성을 보여주려고 한다! 넌 그것이 무서우냐?" 카타리나는 물었다. 요하네스가 말했다. "안 무서워. 악마가 신호를 보낸 것이라 그러드라."

카타리나가 말했다. "하늘에 계신 하나님은 별들과 행성을 창조하셔서 계절을 만드시고 길흉과 복을 주관하신다. 그러나 하늘은 이따금 사탄에 의하여 이상한 빛을 비춘다. 혜성이 밤하늘에 빛나면, 왕의 죽음이나 악한 시대의 조짐을 알려준다. 혜성은 죽음과 파괴를 말해주고 외국 군대의 침입, 전쟁과 연민을 예고한다."

밤하늘의 허공을 투명하게 가로지르는 엄마의 목소리는 평소와는 달랐다. 너무나도 분명하고 똑똑하게 한 옥타브가 높았다. 요하네스는 평소에는 듣지 못하였던 엄마의 마법적 목소리에 전율하였다. 밤하늘의 별들은 어린 요하네스에게 날이면 날마다 어떤 비밀의 말씀을 전달하는 같았다. "넌 하늘을 똑똑히 볼 수 있니?" 엄마가 물었다. "응!" 그가 말했다. 요하네스는 사시로 앞을 보았다. 시력이 많이 좋아졌다. 그러나 왼쪽 눈의 이중시가 그를 괴롭혔다.

"보아라!" 카타리나는 말했다. 그녀는 손가락으로 서쪽 하늘을 가리켰다. "넌 혜성을 보고 있니?" 요하네스가 갑자기 유령 같은 혜성의 빛을 보았다.4 "쒀이익!" 그는 나직하게 경외의 숨소리를 내 품었다. 그것은 서리 같은 유리병 뒤로 깜빡거리는 랜턴 불빛 같았다. 불타오르는 별들의 광점(光點)은 칠흑 같은 하늘 밭을 가로질렀다. 커브를 튼 가는 꼬리는 검과 같이 날아가며 뒤를 비추었다. 환하게 빛나는 길이 생겼다. 두 사람은 몇 분 동안 황홀하게 쳐다보았다.

카타리나가 말했다. 이 별은 밤마다 별 무리를 가로지른다. "별들은 항상 같은 곳에 머무나요?" 요하네스가 물었다. "그렇다", 엄마가 말했다. "큰엄마는 네게 별들의 이름과 하늘의 조짐을 읽는 방법을 가르쳐주었다." "별들의 이름을 아는 것이 어렵나요?" 요하네스가 물었다. 카타리나는 발끝을 약간 들고 두 손을 하늘로 향하여 올리며 말했다. "머리를 뒤로 젖히고 위의 하늘을 보아라. 무엇이 보이느냐?" 요하네스는 고개를 들고 하늘을 쳐다보았다.

그는 처음으로 은하계의 희미한 밴드에서 방황하며 스쳐가는 뭍별들을 보았다. 한순간이 지나갔다. 그 순간 십자가 형태의 별 무리가 나타났다. "십자성!" 그가 말했다. 엄마가 오른손을 들고 별을 가리키며 설명하였다. "점성술사는 그것을 백조라

---

4 1577년 지구 근처를 지나간 대 혜성의 명칭은 C/1577 V1이다.

부른다. 그러나 대부분 사람은 그것을 북 십자성이라고 부른다. 그 옆의 밝은 별은 백조자리이다. 그 아래의 낮은 별은 알비레오다." "이상한 별 이름도 있네." 요하네스가 말했다. 카타리나가 이번에는 무릎을 꿇고 두 손으로 성호를 그으며 말했다. "크리스마스에 북 십자성은 북쪽 밤하늘에 직립(直立)한다."

모자는 언덕을 내려와 마을로 들어가는 길을 따라 집으로 걸었다. 유령 같은 빛이 밤하늘을 가로지르는 광경은 그 자체로 흥분의 도가니였다. 그것은 무서운 재앙의 예견이며 그 자체로 경악이었다. 오늘따라 작은 정원호수를 지나는 좁다란 제방 둑은 무척이나 길게 느껴졌다. 소년은 집에 들어오자마자 침대에 눕자 그가 보았던 밤하늘의 광경을 떠올렸다. 그러자 혜성에 대한 혼동된 감정으로 잠에 빠졌다. 소리 없이 깜빡거리는 별들은 오선지(五線紙)의 악보(樂譜)처럼 밤하늘을 아름답게 수놓았다.

3. 「태양에서」 사환

1577년 12월 27일, 요하네스의 여섯 번째 생일이다. 요하네스는 여전히 레온베르크에서 엄마와 같이 살았다. 지난 밤하늘을 수놓았던 대 혜성의 꼬리도 여전히 사라지지 않고 있었다. 할아버지 댁 하인이 요하네스의 생일선물로 독일어 문법책과 다수의 과자 상자를 가지고 왔다. 그는 할아버지가 주신 독일이 문법책을 들고 기쁨으로 껑충 뛰었다. 과자를 입에 물고 독일어 문법책을 넘겼다. 그림과 함께 독일어책 페이지를 넘겼다. 읽는 대로 이해하였기 때문에 신기하였다.

하인리히는 차츰 요하네스의 기억에서 바래졌다. 그는 혀로 앞니를 흔들어 보았다. 느슨하였다. 긴 끈을 만들어 느슨한 이빨 둘레에 고리를 걸었다. 고리로 이빨을 동여매었으니 뽑으면 누가 다치게 될 것인가? 용기를 내고 끈을 당겼다. 아버지는 벨기에 전쟁터에서 하루하루가 어떻게 될지 모르는 위험 속에서 살아간다. 누구도 두려워할 수는 없다. 새로운 삶의 용기로 똘똘 묶은 끈을 갑작스레 끌어당기자 이가 빠졌다. 아무 누구도 다치지 않았다! "봐라!" 요하네스가 말했다. 그는 엄마에게 달려갔다. "엄마, 내가 이를 뽑았어." "내 자식이 많이 컸구나." 그녀가 말했다. "보헤미아 지방에서는 이가 빠지면 지붕 위로 던지는데 너도 던져보렴." 요하네스가 말을 곧장 받았다. "왜죠?" "지붕 위처럼 높고 귀하게 자라라는 뜻이다." 그녀가 말했다. "알겠어요. 지붕에 던질래요." 어느덧 공중으로 높이 올라간 이는 요하네스의 시야에서 종적을 감추었다.

카타리나가 아들에게 물었다. "너도 이제는 학교에 갈 나이이다. 읽고 쓰는 것을 배우고 싶지 않니?" "그리고 산수도?" 요하네스가 물었다. "산수도 마찬가지지." 카타리나가 말했다. 학교에 가는데 돈이 많이 든다. 제발트 할아버지께서 바일 시장에서 퇴임하실 날도 얼마 남지 않았다. 할아버지께서는 선대로부터 물려받은 모피사업이 있지만, 학비까지 대어주실 여지는 별로 없으실 것이다."

할아버지가 짙은 밤색 의복에 흰 모자를 쓰고 검은 말을 타고 오셨다. 할아버지는 말에서 내리면서 두 팔로 손자를 들어 올렸다. "너도 이제 학교에 갈 때가 되었구나." 요하네스는 빠진 이를 할아버지 앞에서 자랑스럽게 진열하였다. "내가 학교에 갈 때라고 엄마가 말했어." "그야 의심의 여지가 없지." 제발트가 맞받았다. 그의 얼굴은 기쁜 미소로 번져나갔다. 그는 자신의 붉은 수염을 만지작거렸다.

요하네스는 레온베르크에서 혼자서 외로웠기 때문에 친구들이 있는 학교에 가고 싶었다. 그는 독일어로 성경 읽는 법을 배우고 싶었다. "너는 읽기보다 더 많은 것을 배워야 한다." 제발트는 말했다. "너는 산수를 배울 것이고 알파벳을 익히고 독일어 문법을 배우게 될 것이다." "라틴어는 아닌가요?" 카타리나는 알고 있는 듯이 조심스럽게 물었다. 제발트는 설명하였다. "라틴어 학교는 학자가 되려는 학생을 위한 곳이야. 거기로 들어가는 학생은 머리가 좋아야 한다. 거기서 공부하는 학생은 나중에 정부 고급 관리나 목사가 될 것이다. 오늘날은 황제 폐하를 위하여 살아가는 세상은 아니다. 개신교 개혁국가에서는 누구라도 평등하고 자유롭게 살아갈 권리가 있다.

보통 학교는 모두를 위한 곳이야. 내가 거기까지 학비는 대마." 카타리나는 요하네스를 데리고 인근의 보통 학교로 걸어갔다. 레온베르크 보통 학교는 시내의 개신교 교회가 부속건물에서 운영하였다. 교장은 새로 온 학생을 책상 너머로 바라보았다. 총명한 눈동자를 지닌 소년은 교장의 얼굴을 똑바로 응시하였다. 소년은 호리호리하고 예리한 모습에 검은 머리를 하고 있었다. 카타리나는 말했다. "이 아이는 종종 아팠어요. 저는 우리 아들이 정상적으로 학교에 다닐 수 있을지 걱정돼요." 보통 학교 수석 교사는 그녀의 불안한 마음을 안심시켰다. "독일의 보통 학교는 매일 돈을 다루는 방법, 편지를 읽고 쓰는법 등, 시민의 의무를 가르칩니다. 댁의 자녀는 이 기술을 다룰 수 있을 때까지 공부할 수 있습니다. 그러면 무역, 목공, 금속작업

혹은 베틀 짜기를 배울 수 있습니다."

요하네스는 보통 학교가 아주 재미있었다. 그는 노래하며 알파벳을 배웠고, 성경 읽기 수업을 하였다. 그는 자신이 읽은 성경 구절은 알파벳 개수까지 계산하며 암송하였다. 그가 앉아있었던 방 앞의 벤치에는 주임 교사가 수업이 끝날 때까지 지켜보았다. 교사는 게으른 학생들을 더 혹독하게 공부시키기 위하여 회초리를 이용하였다. 담당 교사는 빠르게 회초리를 두드려가면서 학생들의 움직임에 엄격한 경계의 눈초리를 풀지 않았다.

보통 학교 교사들은 회의를 열고, 요하네스의 재능과 태도에 주목하였다. 그들은 더 나은 교육을 위하여 요하네스에게 라틴어 학교에 갈 것을 추천하였다. "하인리히처럼 똑똑하면서도 배우기를 열망하는 아이는 처음 봅니다." 보통 학교 교장은 잘라 말했다. "이런 아이는 교사나 성직자가 되어야 합니다. 이렇게 호리호리한 몸매와 건강이 약한 아이에게 아이의 아버님 같은 병사의 거친 삶이나 힘든 육체노동에는 적합하지 않습니다." 보통 학교 지도자들이 카타리나에게 말했다. "어머님은 이 아이를 라틴어 학교에 보내셔야 합니다." "저는 아이 교육을 위하여 대줄 돈이 없어요." 카타리나가 움츠리는 목소리로 대답하였다. "돈 걱정은 마세요." 학교 행정실관리가 말하였다. "주정부로부터 적절한 재정지원이 있을 것입니다. 뷔템베르크 대공과 개신교 지도자께서 학생들을 성직자로 양육할 수 있는 교육시스템을 마련하셨습니다. 미래의 지도자를 양성하기 위한 중요한 임무는 똑똑한 학생들에게 교육을 받을 기회를 제공하는 것입니다." 요하네스는 엄마 곁에서 이를 귀담아들으면서 자신에게 다가온 행운을 좀처럼 믿을 수 없었다. 오직 검증받은 능력을 갖춘 학생들만이 라틴어 학교에 들어갈 수 있다. 요하네스의 어두운 얼굴이 오랜만에 밝아졌다.

어느 날이었다. 아버지가 아무에게도 알리지 않고 벨기에 전쟁터에서 돌아왔다. 그는 여름 폭풍으로부터 빛나는 섬광처럼 돌아왔다. 그는 다리를 절뚝거렸다. 이전보다 훨씬 늙어 보였다. 아버지는 아내와 자녀들을 모아놓고 말했다. "나는 전쟁에 지쳤다." 이번에는 더 이상 자신의 무공에 대하여 허풍을 떨지 않았다. 그가 거의 교수대까지 갔지만 가택 연금으로 방면되었다는 풍문도 떠돌았다. "이젠 안정된 삶을 살고 싶다." 하인리히가 공언하였다. "나는 비즈니스를 하려 한다." 그는 새로운 가능성을 찾으려고 궁리하면서 여러 날을 뜬 눈으로 보내다가 결국 여행자 숙소를 위한 『태양』이라 부르는 여관을 발견하였다.

하인리히는 아내를 설득하였다. "그곳은 많은 여행객이 보덴 호수에서 알프스로 가기 전에 묵는 곳이고 엘멘딩겐에 있다." "그러나 우리는 어떻게 그런 집을 마련할 수 있나요?" 가다리나가 물었다. 하인리히는 처음으로 안광(眼光)을 발하며 저음(低音)으로 말했다. "특별히 좋은 배물이야. 나는 집을 팔고 군대 생활에서 번 모든 돈을 거기에 투자할 것이요. 여관 이름을 「태양에서」로 짓도록 하자" "누가 「태양에서」에서 일해요?" 카타리나가 물었다. "우리 모두 거기서 일하면 돼." 하인리히가 설명하였다.

요하네스는 말했다. "그러나, 아버지, 나는 라틴어 학교에 가야 해요." "거참! 요즘 공부는 세상 살아가는 방법을 확실하게 알려주지 못한다. 「태양에서」 사업이 잘되면, 너는 쓸모없는 지식으로 너의 머리를 채우기보다 돈 버는 것이 나은 것을 알게 될 것이다.” 카타리나는 요하네스에게 안심시키며 속삭였다. “엘멘딩겐에도 라틴어 학교가 있다.”

요하네스 가족은 레온베르크 집을 팔고 엘멘딩겐으로 이사하였다. 아버지는 먼지투성이의 이삿짐 마차를 끌고 갔다. 장차 「태양에서」 여관으로 거듭날 건물은 크고 넓었다. 하지만 오랫동안 사용하지 않아서 구석구석은 더러웠다. 다 자란 뒤엉킨 헤지가 을씨년스럽게 건물 주변을 휘감았다. 오래 묵은 참나무 숲은 건물 뒤에 버티고 있었다. 요하네스는 이삿짐을 잔뜩 실은 마차에서 내려서 새 집을 둘러보았다. 셔터는 느슨하게 걸려있었다. 모르타르와 조각난 작은 돌들이 건물 측면의 굴뚝 주변으로 수북이 쌓여있었다.

그는 축 늘어진 셔터 내부를 들여다보았다. 그는 많은 일을 필요로 한다는 것을 느낄 수 있었다. 먼지투성이의 두꺼운 코트가 서빙 홀의 테이블을 덮고 있었다. 거미집은 선반에서 선반으로 그들의 길을 누비고 지나갔다. 한 마리 쥐가 잰걸음으로 달려와 재빨리 시야에서 사라졌다.

아버지는 거실로 들어섰다. 카타리나, 요하네스, 크리스토퍼가 따라 들어왔다. 탁한 냄새가 진동하였다. 거실 식당은 응접실 마룻바닥의 절반을 차지하였다. 커다란 나무도리는 천장을 지탱하였다. 견고하고 육중한 목재테이블이 응접실 한가운데를 차지하였다. 칸막이를 둔 벽 사이에는 두 대의 식당 테이블이 놓여있었다. 식당 테이블 맞은편에는 2m 길이의 통나무를 태울 넓은 화덕이 있었다. 잘게 부스러진 화덕은 보수가 필요하였다. 돌 부스러기가 우수수 떨어져 나갔다.

카타리나는 주방 벽에 걸린 요리 냄비의 꼭지를 잡고 들어올렸다. 덜커덕거리는 뚜껑을 닫고 냄비 바닥을 코에 갖다 댔다. 지방이 끼어서 아주 고약한 냄새가 났다. 그녀가 말했다. "식당 폐업 신고를 한 이후로 아예 처박아 두었군요." "냄새를 맡아봐서 알겠는데, 아무것도 치우지 않았군." 하인리히가 말했다. "그러나 건물은 튼튼하군." 그는 구석에 설치되어있는 주방 조리대를 두드려보았다. 흙먼지 구름이 올라왔다. 백랍 접시가 바람에 덜그럭거렸다. "아이, 엉망진창이다. 접시표면은 나중에 닦으면 때를 없앨 수 있겠구나. 우리는 마호가니와 같이 매끄러운 주방 조리대와 반들반들 윤이 나는 식사 접시를 준비할 것이다." 카타리나는 말했다. "일이 너무 많아요!" 그녀의 목소리는 기어 들어갔다.

"화덕에 불을 피우면 따뜻해질 것이야." 하인리히가 말했다. "요하네스! 나무를 모아오니라." 나무에 불을 지폈지만, 화덕 굴뚝이 제대로 뚫려있지 않았다. 굴뚝으로 연기가 올라오는 대신에 숨 막힐 듯 한 뜨거운 연기구름이 거실로 들어왔다. 요하네스는 굴뚝에서 펑펑거리며 들어오는 연기로 콜록콜록 기침하였다. 눈에 연기가 들어왔다. "밖으로 나가자!" 하인리히가 숨을 참고 눈물을 흘리며 말했다. "연기가 걷힐 동안, 일단 짐을 부려놓자! 그다음 화덕을 청소하고 굴뚝을 고치겠다."

하인리히는 「태양에서」 여관 사업이 첫날부터 어긋나기를 원치 않았다. 그는 마음을 다짐하며 전체계획이 진행되도록 부지런히 움직였다. "나는 내가 하듯이 우리 가족이 모두 열심히 해주길 바란다." 그는 단호하게 말했다. 그들의 눈앞에 단정치 못한 옛 건물은 매력적인 「태양에서」 여관으로 거듭났다. 하인리히는 「태양에서」 주인으로서 손님들에게 밝은 미소와 신속한 서비스를 제공하였다. 차츰 「태양에서」는 여행객들 가운데 머물기 좋고 친절한 곳이라는 입소문이 나기 시작하였다.

요하네스는 아침 동틀 무렵부터 늦은 밤까지 온갖 잔심부름과 잡무로 집안일을 도왔다. 그는 쉴 틈 없이 일하다가 잠시 뾰족한 첨탑 아래로 이어지는 엘멘딩겐 골목 거리를 바라다보았다. 그는 보통 학교 학생들과 선생님을 떠올렸다. 그날 저녁 요하네스는 가족들이 모인 가운데 마지막 기도를 드렸다.

카타리나는 조용히 아들이 자는 다락방으로 올라왔다. 요하네스가 어머니를 쳐다보며 말했다. "이전에 라틴어 학교 입학 허가가 나왔다고 하지 않았나요?" "아버지가 맡긴 일이나 열심히 해라." 카타리나가 충고했다. "시간이 되면, 아버지와 이 문제에 관하여 상의하마."

요하네스는 곱절로 노력하였다. 아침 첫 여명이 뜰 무렵 그의 활동은 「태양에서」의 뒤 헛간에서부터 반향을 알렸다. 도끼로 장작 패는 소리가 공중에 울려 퍼졌다. 목초지에서 암소가 참을 수 없는 저음으로 애끓게 울었다. 그가 외양간을 치울 때, 손수레는 무겁게 달그락거리는 소리를 냈다.

팔은 아프고, 등은 다치고, 손바닥에는 두꺼운 굳은살이 올라왔다. 불평하지는 않았을지라도, 항상 피곤하였다.

엘멘딩겐의 「태양에서」 여관

밖에서 일을 마치고 들어오면, 하인리히는 또다시 그를 잔심부름을 시켰다. 투숙객이 침대로 잠자리에 들기 전에 필요한 주문이 많았다. 늘 되풀이되는 일이지만 요하네스는 난로에 주전자를 올려놓고 화덕에서 간단한 요리를 만들어 먹었다. 마지막으로 테이블 청소를 하고 접시를 닦고 침대에 들어가 누우면 새벽이 멀지 않았다.

차가운 회색 하늘에 첫 눈송이가 겨울을 알렸다. "날씨가 나빠지면 집에 있는 여행객의 발을 붙잡아 놓을 것이다." 요하네스가 생각하였다. 「태양에서」는 비수기에 접어든다. "아마도 장사도 휴업상태가 되면서 날 필요로 하지 않게 될지도 모른다." 요하네스는 엘멘딩겐의 라틴어 학교입학에 관하여 물어볼 생각을 감히 하고 있었다. 그러면 난리가 날 것이다!

하인리히는 벽난로 위의 굴뚝 측면에 놓인 안전 빌트의 화약을 관리하였다. 그는 불에서 나오는 화력으로부터 습기를 차단하기 위하여 화약이 잔뜩 들어있는 항아리를 붙잡았다. 갑자기 화덕에서 솔방울이 튀었다. 화약에서 가공스러운 불똥이 터졌다. 엄청난 폭발음이 순식간에 식당을 가득 채웠다. 선반에 놓인 식기들이 흔들거리며 떨어졌다.

자나 깨나 불조심!

“항상 만일에 대비하여라.” 하인리히가 늘 불조심을 당부하였다. 하지만 정작 자신에게 이런 일이 닥칠 줄 몰랐다. 예기치 못한 사고는 당사자에게 어떠한 경고도 하지 않았다. 요하네스는 쏜살같이 아버지 방으로 달려갔다. 화약 파편에서 무수한 쇠붙이가 순간적으로 튀겨 나왔다. 아버지는 의식을 잃고 쓰러졌다. 끈적거리는 피가 흘러나왔다.

깨진 항아리 파편이 날아와 그의 얼굴에 깊은 상처를 내었다. 화약이 이마에서 검게 타올랐다. 마룻바닥은 뼈까지 드러난 상처에서 흘러나온 피로 얼룩졌다. 여인숙의 투숙객들이 응접실로 나와서 이리저리 허둥댔다. 폭발 사고의 대책에 따른 신속한 대응 때문에 그 외에 다친 사람은 없었다.

마부가 긴장하면서 물었다. “도와줄 것 없나요?” “침대로 옮기세요.” 카타리나가 말했다. 그녀는 가리켰다. “이층으로 옮겨요!” 마부는 의식을 잃은 하인리히를 강한 팔로 어깨 위로 올려놓고 이층으로 옮겼다. “어때?” 요하네스가 물었다. “말할 수 없어.” 카타리나가 말했다. “따뜻한 물과 면도 상자를 좀 가져오너라. 내가 머리를 면도하고 상처가 난 부위를 덮을 것이다."

요하네스는 엄마가 의식 없이 쓰러진 아버지의 수염을 면도하는 동안에 안타깝게 지켜만 보았다. 그녀는 남편의 상처 부위를 자세히 들여다볼 수 있었다. 이때, 그녀가 말했다. "움푹 파 들어간 부위 상처가 깊다. 감염이 일어나지 않았으면 좋겠다. 아빠는 회복될 것이다." 요하네스는 아버지가 제발 무탈하게 회복되기를 기도하였다. 요하네스와 엄마는 하인리히 없이 어떻게 살아 갈수 있을 것인가? 하인리히는 서서히 사고로부터 회복되었다. 그러나 폭발은 그의 얼굴을 흉악하게 일그러뜨렸다. 그의 수염은 흉터 위치를 특징지으며 흰 줄무늬로 자랐다. 검게 타버린 화약 자국은 이마 부근의 피부에서 흔적을 남겼다.

하인리히의 사고 소문을 듣자, 제발트는 아들 내외와 손자들의 근황을 알아보기 위하여 바일에서 왔다. "하인리히는 예전과 같지 않아요." 카타리나는 시아버지에게 말했다. "그이는 스스로 자신의 좋은 수염과 스마트한 얼굴에 대하여 자랑스러워하였어요. 그러나 지금 그이는 자신의 얼굴을 보여주는 것을 부끄러워하고 있어요." "아빠는 다른 곳으로 이사하자고 해요." 요하네스가 말했다.

카타리나는 제발트에게 상황을 설명하였다. "하인리히는 레온베르크 시민권을 받고 나서는 열심히 하려고 했어요. 하인리히는 아들을 라틴어 학교로 보내 공부시키겠다고 하였어요. 하지만 일이 이 지경이 되어버렸어요. 이 사건은 우리 가족의 모든 계획을 와르르 무너뜨려 버렸어요." 제발트는 이글거리는 눈으로 태양여관을 휘둘러보았다. "하인들과 같이 가족을 대하는 것은 내 아들에게는 온당하지 않다." "내가 할 수 있는 모든 것을 알아보마." 그는 약속하였다.

이날 이후 1580년 1월 요하네스는 우연하게도 신년달력을 이해하였다. 달력의 황도십이궁(黃道十二宮)에는 그림이 풍부하게 도해 되었다. 요하네스가 읽었다. "달의 옛터에 사과와 배를 심어라. 동쪽으로 가면 귀인을 만나게 될 것이다. 이곳에 새달이 찾아오면, 점들은 붉어질 것이다." "이것이 맞아?" 요하네스가 아빠의 얼굴 흉터를 살피며 물었다. 그는 아버지에게 달력을 넘겨주었다. "달력은 모든 종류의 사건을 예견하지." 아버지가 말했다. 그는 달력날짜와 데이터가 많은 정보를 준다고 설명하였다. 달력 제작자는 천문학과 점성술을 훈련을 받아 하늘의 조짐과 점괘(占卦)를 읽는다. 그래서 찾아오는 사람들에게 풀이해준다.

"그러나 별과 행성의 위치는 땅에서 살아가는 우리의 미래를 잘 맞추나요?" 요하네스가 물었다. "대부분 사람은 그렇게 생각하지." 아버지가 말했다. "지금까지 유럽의 제후들은 자신들의 궁중에 많은 돈을 주고 점성술사를 고용한다. 통치자는 자신의 나라에 무엇이 일어날지를 점성술로 알려고 하기 때문이다. 달력을 한번 보아라. 이것이 1월 31일 달의 일식(日蝕)을 예견한다. 우리는 일식을 보러 나갈 것이다."

1580년 1월 마지막 날, 요하네스는 저녁 홀을 닦는 청소를 마쳤다. 하인리히는 아들을 문밖으로 불렀다. 일식관찰을 위하여 아들을 데리고 동네의 야트막한 산언덕으로 올라갔다. 밤하늘에 펼쳐진 장면은 은색 달이 별들의 요람에 놓여있는 모습이었다. 달은 눈으로 덮인 들판 위에서 빛났다. 시간이 흐르면서 지구 어두운 그림자가 달의 가장자리를 조금씩 어둡게 하였다. 요하네스는 처음으로 일식을 관찰하면서 매혹에 빠졌다. 한 시간이 지나자 달은 은색에서 황금색으로 변하였다. 다음은 석탄이 사위어가는 것 같이 육중한 붉은 색깔로 변하였다. 소년은 그것을 적나라(赤裸裸)하게 볼 수 있었다. 백전노장의 하인리히도 경악에 질려 「태양에게」로 뒷걸음치며 들어왔다. 소년은 자신이 집의 대문을 닫는 소리를 못 들었다. 그는 흥미롭게도 일식 구경에 열중하느라 자신이 무엇을 하는 줄도 몰랐다.

하인리히가 다시 밖으로 나왔다. 아들도 차가운 밤공기에도 개의치 않고 여전히 같은 장소에 다시 섰다. 하인리히는 말했다. "봐라. 아주 붉다." 지구 그림자 꼬리의 가장자리는 달을 벗어나기 시작하였다. 그 과정은 역으로 진행되었다. 붉은 색깔을 띤 둥근 달은 밝은 빛으로 지구의 길을 터주었다.

일식모형도

"앞서 일어날 일을 맞추는 사람은 마법사이다." 소년은 놀라움에서 중얼거렸다. 하인리히는 피식 웃었다. "나는 이전에 플랑드르 전투에서 휘하에 달력 제작자와 작전을 지휘하였다. 그는 마법사이지만 다른 군단과의 공동작전 수행에 우리 모두를 감동시키지 못하였다. 실제로 그는 보통사람이었다."

소년은 말했다. "나도 일식을 예견하는 하나님의 창조에 관하여 배울 수 있나요?" 하인리히는 아들의 질문에 자기 생각을 털어놓았다. "지식이란 마음에 타오르는 불꽃이다. 나는 엄마와 할아버지는 네가 라틴어 학교에 다니고 싶어 한다는 것을 들어서 안다. 나도 그것에 대하여 많이 생각해 두었다. 곧 겨울이 닥쳐온다. 일이 늦어진다." "네" 요하네스가 대답을 촉구했다. "할아버지는 라틴어 학교에 너를 등록시켜야 한다고 고집하셨다. 나는 그것을 허용할 것이다. 그러나 기억해라. 봄이 오고 날씨가 좋아지면, 여기서 너를 다시 필요로 할지도 모른다. 그때 너는 테이블을 청소하고 연회석에 잔과 음식을 나르는 일을 도와야 한다." 요하네스는 아버지가 집 대문으로 들어가기 전 마지막 시간에 나부끼는 투명한 달빛을 쳐다보았다.

엘멘딩겐의 라틴어 학교는 경건한 성품의 가난하고 신앙심 깊은 근면한 기독교인의 자녀들에게 교육을 제공하기 위하여 설립하였다. 실제로 요하네스의 양친은 뷔템베르크 라틴어 학교의 입학조건을 충족시키기에는 거리가 멀었다. 하인리히는 네덜란드에서 칼뱅주의자와의 전투로 개신교인들에게 지울 수 없는 상처를 남겼다. 술을 많이 마셨다. 카타리나 또한 온당하지 못한 신랄한 독설과 험담을 하는 미신적인 여자라는 풍문도 떠돌았다.

요하네스는 카타리나와 함께 라틴어 학교로 찾아갔다. 교장은 노동으로 초췌한 모습으로 나타났지만 두 눈에는 총기로 가득 찬 요하네스를 보면서 설명하였다. "여기서는 모든 것을 라틴어로 말하고 공부한다. 독일어는 학문적 언어가 되기에는 부적절하다. 너는 성경, 논리학, 음악 그리고 수학을 모두 라틴어로 배울 것이다. 너는 라틴어로 성경을 통독할 수 있을 것이다. 너는 고대 그리스어와 로마 고전도 공부할 것이다."

요하네스는 집안일로 레온베르크 보통 학교를 여러 달을 쉬는 경우가 많아서 실제로는 3년만에 공부하였고, 그후 라틴어 공부과정을 마치기까지에는 5년이나 걸렸다.

레온베르크 라틴어 학교는 40명 정원을 두 명의 선생님이 3단계 반으로 나누어 가르쳤다. 1단계 반은 라틴어를 올바른 발음 연습으로 읽고 쓰는 공부, 2단계 반은 문법, 문체, 읽고 쓰고 말하기와 음악교육을 받는다. 3단계 반은 이솝우화, 키케로 편지, 테렌츠 희극 등을 배웠다.

요하네스는 처음부터 비범한 재능과 능력을 보여주었다. 그는 강압적 분위기에서도 올바른 일을 올곧게 행하였다. 라틴어 학교 선생님들은 요하네스의 강한 기독교적 믿음과 탁월한 성적 때문에 그를 아델베르크 신학교[1] 장학생으로 추천하였다. 교장 선생님이 설명하였다. "아델베르크 신학교는 돈이나 개인 소지품을 허용하지 않는다. 입학생들은 조그만 방에 칠판과 교

1 1178년에 설립된 남부 독일 바뎀뷔템베르크 주의 괴핑겐에 있는 수도원이다.

재를 배정받는다. 그다음 입학생들은 그리스도에게 자신의 삶을 헌신하는 서원을 하여야 한다." "무엇을 할 수 있나요?" 요하네스가 물었다. "아무나 아델베르크 신학교에 들어갈 수 없다." 교장이 말했다. "오직 다섯 학생만 엘멘딩겐 라틴어 학교에서 아델베르크 신학교로 입학할 수 있다. 최종 선택은 연속으로 경쟁시험을 치른 학생성적에 따라서 선발된다."

요하네스는 1584년 9월 마지막 주에 어려운 과제의 긴 시험과정을 마쳤다. 이미 13살이 가까워진 그는 비교적 편안한 마음으로 성적 결과를 기다렸다. 며칠 후 교장이 그를 교장실로 불렀다. "나는 네가 아주 우수한 성적으로 졸업하게 되었다는 것을 알려주게 되어서 기쁘다." 교장은 말했다. 그는 화려한 글씨로 적힌 증명서를 수여하였다. 이 증명서는 1584년 10월 16일 아델베르크 신학교 입학허가 문구와 학교장 직인이 찍혀있었다.

요하네스는 「태양에서」 현관문으로 달려갔다. "봐라!" 그가 들어서자 외쳤다. "나는 아델베르크 신학교에서 장학금을 받았다." 그는 두루마리를 감지 않고 펼친 채 눈이 휘둥그레진 아버지 앞으로 장학증서를 내밀었다. 기쁜 아들의 모습을 보고 "내가 어떻게 너를 바꿀 수 있나?" 카타리나는 말했다. "여섯 명의 사환도 요하네스가 하는 일을 할 수 없다. 그러나 우리는 네가 아주 자랑스럽다."

아델베르크 신학교는 아주 엄격한 규율을 제외하고는 많은 점에서 라틴어 학교와 같았다. 학생들은 똑같이 겸손한 옷을 입었다. 의복은 안에 구멍을 파서 팔과 머리가 삐져나오게 꿰맸다. 학생들은 하루를 기도와 찬송으로 시작하였다. 그들은 매일 아침 4시에 일어났다. 그다음 긴 시간 동안 공부하는 일정이 주어졌다. 그들은 단순한 음식을 먹었다. 이들의 삶을 표현하는 한마디 말이 있다.

부자 학생은 왕의 세금으로 먹었네.
가난한 학생은 배고팠고 맨발이었네.

학생들은 공부하다가 저녁이 되면 온방이 되지 않은 작은 방으로 들어갔다. 아델베르크 신학교는 종교개혁 창시자 마르틴 루터[2]를 가르쳤다. 그는 100년 전 1483년에 독일의 가난한 농부의 아들로 태어났다. "나는 농부의 자식이다." 요하네스는 루터의 말에 미소 지었다. 하나님은 농부에게나 기사에게나 황제까지도 공평하신 천국을 예비하셨기 때문이다. 루터의 양친은 루터에게 하나님의 진노를 피하기 위해 성스러운 삶을 살아야 한다고 가르쳤다. 루터는 확실하게 천국 가는 길로서 수도사의 삶을 생각하였다.

그는 수도원에 들어가는 길만이 자신의 영혼을 구원할 수 있다고 믿었다. 그는 금식기도를 드리며 명상의 시간을 보냈다. 그는 몇 년 동안 수도원에서 지내면서 마음의 평화를 발견하였다. 루터가 속한 가톨릭교회에서는 경건한 노동, 오랜 기도, 금식 그리고 순례가 천국 영광을 위한 것이라며 말했다.

그들은 선행으로 구원을 받을 수 있다고 설교하였지만 이상

---

2 마틴 루터(M.Luther,1483-1546)는 종교개혁을 일으킨 독일 신학자이다.

하게도 성경 말씀은 가르치지 않았다. 루터는 성경이 무엇을 말했는지 놀라웠다. 결국, 루터는 1517년 10월 31일 95개 테제를 발표하며 항의하였다. 사람들은 루터에게 경고하였다. "루터 형제, 성경을 그대로 두게! 그들은 성경전문가일세. 그들은 성경의 심장까지 파고들어 갔네." 루터는 설교자로서 수도원을 떠났고 그의 설교를 들었던 사람들은 불이익을 받았다. 교황이 1521년 1월 3일 루터를 가톨릭에서 추방하자, 황제 칼 5세는 루터를 보름스 제국의회청문회에 소환하였다. 그는 루터에게 종전 주장을 철회할 것인지를 물었다.

예수 그리스도도 로마제국의 빌라도 총독 앞에서 심문을 받았다. 루터도 1521년 4월 21일 직접 신성로마제국황제 앞에서 말했다. "주님, 제가 여기에 있나이다. 다르게 할 수 없나이다. 주여, 저를 도우소서!"

루터의 귀가 길에 체포령이 떨어졌다. 그는 바르트부르크성으로[3] 피신한다. 루터는 이곳에서 그의 생애에 가장 중요한 작업을 위한 기도를 드렸다. 그리고 신약연구를 하여 6개월 동안 신약 전체를 독일어로 번역하였다. 그는 사도 바울이 쓴 서한을 읽어가는 동안에 운문의 의미를 깨닫게 되었다.

"의인은 오르지 믿음에 의하여서만이 살리라"[4]

---

3 바르테브르크(Wartburg)성은 1067년에 튀링겐 아이제나하에 세워졌으며 루터가 피신한 곳이다.

4 로마서 1장 17절.

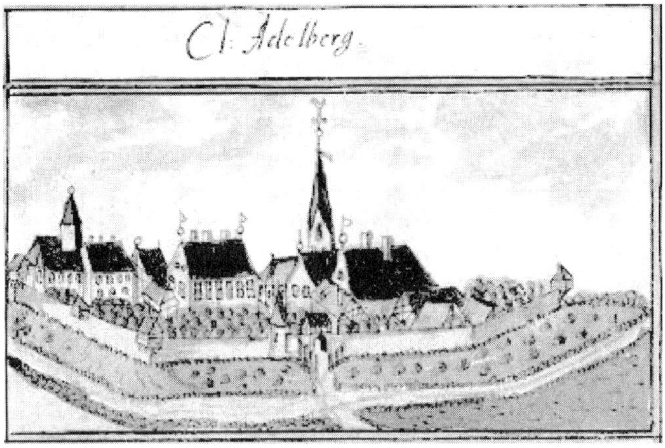

1685년 아델베르크 신학교

이러한 믿음에 대한 이야기는 여태껏 어느 누구에게서도 들어본 적이 없었다. 그는 매일 일상 언어를 사용하였다. 평범한 독일인도 성경을 이해할 수 있다. 루터는 말했다. "여러분은 독일어를 모국어로 말하며 살아갑니다. 모국어는 거리의 아이, 시장의 보통사람의 언어입니다." 루터는 독일에서 영웅이 되었고 사람들은 자신을 루터 교인이라고 불렀다.

요하네스는 루터가 사람들이 자신의 이름을 예배에서 사용하는 것을 원치 않았다는 것을 알았다. 루터가 그들에게 말했다. "저는 여러분이 제 이름으로 기도드리지 말 것을 기도합니다." 여러분은 자신을 루터 교인이라고 부르지 마시고 기독교인이라고 부르십시오. 저는 어느 누구를 위하여서도 십자가에 못박이지 않았습니다!"

요하네스는 튀빙겐대학에서 신학교로 찾아온 젊은 목회자들의 설교를 주의 깊게 경청하였다. 그들은 성서를 인용하였다. 그에게는 그들의 논증이 그다지 명쾌하지는 않아 보였다. 그는 다른 기독교 그룹에 대하여 공격하고 싶지 않았다.

아델베르크 신학생들은 두 그룹으로 나누어서 중요한 교리 문제를 다루는 토론훈련을 받았다. 요하네스는 종종 의도적으로 루터파 교인이 지지하지 않았던 측면에 섰다. 그는 자신을 공격하였던 친구에게 성경을 근거로 논증하였다. 그러자 친구가 말했다. "신학교에서 그러한 입장에서 취하는데 조심하여라. 만약 네가 너의 입장을 공격적으로 말하면, 이단으로서 몰려 이단 취급을 받을지도 모른다." 요하네스는 말했다. "나는 신앙에 비밀조항을 두지 않는다."

요하네스는 이 시기에 할아버지의 편지를 받았다. 할아버지가 집에서 소식을 전하였다. "애비가 다시 가만있지 않는다. 전쟁의 화염 속으로 사라졌다. 우리는 태양여관을 팔려고 한다." 요하네스는 수업을 마치고 언덕 마을로 이어지는 도로를 따라 하염없이 걸었다. 어쩔 줄 몰랐다. "무엇을 내가 하여야 하나?" 나의 생애는 불확실성의 그림자로 덮혀 있다. 나는 지금 마음에 단호한 목표를 세워야 한다. 요하네스는 결정하였다. "나는 목사가 되어 복음의 설교자가 되겠다." 일생을 올바른 일을 하는데 헌신하며 살아갈 것이다. "성경을 배우는 학생은 그것을 원래 언어로 읽을 수 있어야 한다. 나는 라틴어만 필요한 것이 아니라, 히브리어와 그리스어도 할 줄 알아야 한다." 튀빙겐대학에서는 고전어를 배울 수 있다.

요하네스는 아델베르크 신학교에서 2년을 마치고, 상급학교인 마울부론 신학교에 진학하였다.[5] 그는 시험통과를 위한 공부에 매진하였다. 마울부론 신학교 교장이 요하네스를 불렀다. "드디어 구두시험 날짜가 잡혔다." "너는 내일 곧장 튀빙겐대학으로 가서 시험을 쳐야 한다. 학교 명예가 걸려있으니 열심히 하여야 한다." 교장은 내일 아침 일찍 튀빙겐으로 떠나는 우편 마차로 요하네스의 여행을 미리 준비해 놓았다.

요하네스는 아침 일찍 일어나 기도실에서 기도를 드렸다. "아버지 하나님, 힘과 용기를 주옵소서!" 간절하게 기도를 드리고 나서 식당으로 들어서니 식당 사감이 얇게 썰은 훈제 돼지고기 슬라이스에 양파를 얹은 빵과 우유를 도시락으로 내어놓았다.

요하네스는 도시락을 가방에 담고 곧장 우편 마차에 올라 튀빙겐대학으로 향했다. 요하네스가 튀빙겐대학에 도착하자 공개경쟁시험장 문 앞 복도에서 여러 응시자들이 순서를 기다리려고 앉아있었다. 안내위원이 나오더니 말했다. "구두시험 응시자 여러분! 여러분은 시험장에 들어가서 심사위원으로부터 질문을 받으면 큰 목소리로 또박또박 답변해주십시오."

그것은 그가 지금까지 배웠던 모든 것에 대한 빠른 사고와 민첩한 반응을 요구하였다. 시험은 끝났다. 요하네스는 잘했다. 오직 한 학생이 더 잘했다. 루터와 함께 종교개혁 위원에 속하였던 요하네스 브렌츠 목사의[6] 손자였다. "축하하네!" 주임 시험관이 말했다. "자넨 튀빙겐대학에 합격하였네!"

---

5 마울브론(Maulbronn) 수도원은 12세기 중반에 지어졌으며 바덴뷔르템베르크 주의 마울브론에 위치한다.

6 요하네스 브렌츠(J.Brenz,1499-1579)는 뷔르템베르크의 종교개혁가이다.

마울부론 수도원

요하네스는 1588년 9월 25일 마울부론 신학교 학생으로 튀빙겐대학 학사 시험에 차석으로 합격하였다.

요하네스는 신학교 인솔교사와 함께 마울부론 신학교 기숙사로 돌아왔다. 교장 선생님은 요하네스에게 악수를 청하였다. "이젠 자네는 더이상 이곳에서 배울 것이 없네. 더 많은 학식을 쌓기 위하여 튀빙겐대학 신학교로 가게." 요하네스는 1589년 가을에 다시 고향으로 돌아왔다. 그는 엄마와 할아버지와 할머니에게 작별인사를 하였다. 그는 그 안에 세상의 온갖 잡동사니를 가득 넣은 가방을 어깨에 멨다. 24km 떨어진 튀빙겐대학을 도보로 가면서 기도를 드렸다. 도로에는 이름 모를 들꽃들이 이 위대한 천문학자의 가는 길을 축하하듯이 하늘거리면서 합창을 하였다. "제가 주님을 따르겠습니다. 주여 나를 인도하소서!"

4. 튀빙겐대학

1589년 8월 마지막 날, 요하네스는 튀빙겐을 향하여 바일러바흐 하천을 따라서 걸어갔다. 바일러바하는 튀빙겐 북쪽에서 남쪽으로 내려오는 하천의 한 지류이다. 이 지류는 아머바하 지류와 합하여 넥카강으로 들어간다. 주위를 살펴보니 하천 주변 언덕으로 차곡차곡 질 정돈된 포도밭이 사열(査閱)하여 있다. 사잇길로 걸어가니 탐스러운 포도가 영글어가는 소리가 들리는 듯하였다.

요하네스는 하겐로흐의 야트막한 언덕에 서서 튀빙겐을 바라보았다. 튀빙겐의 호헨 튀빙겐 성의 첨탑을 바라보다가 저절로 감탄의 소리를 질렀다. "태양 빛을 받은 첨 탑 꼭대기는 왕관의 진주같이 반짝반짝 빛난다!" 이 도시의 대부분 건축물은 넥카강 언덕 둘레로 견고하게 지어졌다. 성탑의 아름다움과 품위(品位)는 넥카강의 물결에 자신을 비추며 오늘날까지 세월을 이겨내며 내려왔다.

요하네스는 아름다운 도시 언덕에 놓인 대학을 향해 걷다가 슈티프트 교회 앞에 멈추어 섰다.[1] 뷔템베르크 공국의 루터 종파의 복음교회로 울리히 대공의 무덤이 안치되어있는 곳이다. 요하네스는 신앙의 선지자들이 무릎 꿇고 기도한 이곳의 의미를 생각하며 기도를 드렸다. "저를 주의 영광을 위하여 일하는 심부름꾼으로 쓰소서."

요하네스는 꼬불꼬불 갈지 之 자로 이어지는 교회 골목길을 따라 대학언덕을 올라갔다. 교회의 높은 곳에 놓인 스테인드글라스 창문으로 곧장 도시의 요정이 튀어나올 듯했다. 요하네스는 남들보다 앞서 걸음을 재촉하였다. 대학광장에 이르렀을 때 마침 젊은이들이 둘러모여 진지한 노상 토론을 주고받고 있었다. 튀빙겐대학에 속한 모든 구성원은 의학, 신학, 법학, 등 그들이 전공하는 분야에 따라 입는 가운 색깔이 달랐다. 교수들은 각자 그들이 사용하는 단어를 엄밀하게 정의해가며 토론하였다. 그들이 입는 의복은 하나님을 경외하는 지식을 통하여 세상 빛으로 나가려는 대학의 의무와 권리를 상징적으로 보여주었다.

요하네스는 대학본부로 들어서서 총장실을 노크하였다. 총

---

1 튀빙겐 슈티프트 교회(Stiftskirche)는 11세기에 현재 터를 잡았으며 중세적 남성합창단과 튀빙겐대학 설립과 더불어 발전하였으며 오늘날 개신교 교회이다.

장 야콥 헤어브란트는 박사[2]는 만면의 웃음을 띠고 요하네스 케플러를 환영하였다. "요하네스 케플러! 우리 대학에 입학한 것을 진심으로 축하하네. 우리 대학은 뷔템베르크 국가에서 가장 중요한 루터교육기관으로 인정받고 있다네. 오늘날 우리는 20명의 교수님을 모시고 500명의 학생을 가르치고 있네. 여기서 우리는 미래의 루터 종파 종교지도자들을 양성하지." 뷔템베르크 대공께서 우리 대학을 전폭적으로 지원하시지.

케플러는 총장에게 확신에 찬 표정으로 말하였다. "제 목표는 복음의 설교자가 되는 것입니다." "아주 좋아요!" 총장이 말했다. "자네를 하펜레퍼 교수에게 위임하겠네. 그분은 자네 학습 과정과 연구계획서 작성에 도움을 줄 것이네."

총장 비서가 튀빙겐대학의 가장 젊은 교수 하펜레퍼를 호출하였다.[3] 하펜레퍼는 케플러를 반갑게 맞으며 "우리는 그대가 아델베르크 신학교의 가장 우수한 학생이라는 점을 이미 잘 알고 있소. 환영합니다."라고 악수를 청했다. 그는 강의실 아래의 복도를 따라 희미하게 불빛이 비치는 학생기숙사로 케플러를 안내하였다. 방은 아주 단순하였다. 밖은 후덥지근하지만 안은 비교적 서늘한 방이었다. 케플러는 방에 들어서자 딱딱한 침대 위로 가방과 함께 자신의 몸을 던졌다. 긴 복도로 이어진 기숙사의 김빠진 공기를 훌쩍 들어 마시며 마음 다짐을 하였다.

하펜레퍼가 강조했다. "우리 대학의 기숙사 방은 한때 가톨

---

2 야곱 헤어브란트(J.Heerbrand,1521-1636)은 튀빙겐대학 루터파 신학교수이다.

3 하펜레퍼(M.Haffenreffer,1561-1619)는 튀빙겐대학 정통 루터파 신학자이다.

릭 사제들을 훈련하기 위하여 이용되었지." "이 방은 수도사가 지내기에 안성맞춤이지." 케플러는 무심코 독일어로 받았다. "저는 신학교 시절부터 이곳을 잘 압니다(Ich weiss schon diese Gegend von der Stiftsschule in Maulbronn her)." 하펜레퍼는 재빨리 케플러에게 주의 주었다. "라틴어로 말 하시오!(Dic in latine!). 대학생들이 다른 언어로 대화를 한다는 것을 생각조차 할 수조차 없습니다. 딕 둑 엣 팍(dic, duc et fac![4])"

"알겠습니다!(Capio!)" 화들짝 놀란 케플러가 곧장 라틴어로 말했다. "나는 자네의 탁월한 성적 때문에, 자네가 대학의 최고의 능력을 갖춘 교수들에게 지도를 받도록 위임받았네. 이것은 자네가 논리학을 공부하려면 고전 문헌학의 크루시우스 교수[5]님, 히브리어를 공부하려면 마이어 교수님, 시와 수사학에 리블러 교수[6]님, 자연법에 치글러 교수[7]님, 철학에는 뮐러 교수[8]님, 그리고 천문학과 기하학을 위하여서는 매스틀린 교수님[9]에게서 공부하게 된다는 것을 의미하네."

"성경공부는 어떻게 해요?" 케플러가 물었다. "자네는 성직자가 되기 위하여 공부하고 싶다고 했지. 내가 좋은 교수를 소

---

4 말하고 행동하고 이루하라.

5 크루시우스 (M.Crusius,1524-1607)튀빙겐대학에서 1559-1607년까지의 종신교수이다.

6 리블러(G.Liebler,1552-1594)는 튀빙겐대학 교수이다.

7 뮐러(V.Miller,1561-1626)는 코페리니쿠스 태양중심의 이론을 반대한 튀빙겐대학 교수이다.

8 치글러(J.R.Ziegler,1569-1636)는 퀴빙겐대학 자연법 교수이다.

9 메스틸린(M.Maestlin,1550-1631)은 튀빙겐대학 교수이자 케플러의 멘토로 괴핑겐 출신의 독일 천문학자이다.

개해줄까?" 하펜레퍼의 얼굴에 즐거운 미소가 번졌다. "최고다! 내가 자네에게 성경과 히브리어를 가르치겠네."

케플러는 크루시우스 교수 강의실로 들어갔다. 크루시우스는 품위 있는 고전학자로 희랍 사상가들에 대하여 열렬하게 말하였다. "그들은 먼저 이것을 했다." 그는 말했다. "어떤 주제라도 아리스토텔레스 저작에서 발견될 수 없으면, 그러면 그것은 참일 수 없다." 그리고 "모든 학문은 논리학에서 논증을 통하여 증명되고 발전한다." 케플러는 아리스토텔레스 삼단논법의 연역 추론의 예문을 대학노트에 적었다.

모든 인간은 죽는다.
소크라테스는 한 인간이다.
고로, 소크라테스는 죽는다.[10]

크루시우스는 희랍인들을 존경하면서 학생들에게 아리스토텔레스 서적과 다른 고전 학자들의 중요한 구절을 메모하도록 가르쳤다. 케플러는 아리스토텔레스 교과목을 르네상스 주석가의 견해를 따라 복습하였다. 그에게는 희랍인들의 지술에서 보여준 지식은 당대 사상가보다 월등해 보였다. 그런데 케플러는 매스틀린은 당대의 자연철학자들과는 다르게 희랍인들을 평가한다는 것을 알게 되었다. 매스틀린은 튀빙겐 근처의 괴핑출신으로 하이델베르크에서 수학 교수로 있다가 튀빙겐으로

---

10 아리스토텔레스가 창시한 모든 삼단논법은 대전제, 소전제, 그리고 결론이라는 3가지 논증으로 구성되는 추론 형식이다.

왔다. 그는 키는 작지만 짙은 검은 머리의 아주 조용한 사람이었다. 좀처럼 웃지 않았지만 화내지도 않았다. 그는 전형적으로 아주 섬세한 독일 수학자이며 천문학자였다. 그는 천문학자가 되기 전에 튀빙겐대학에서 신학을 공부하였다.

케플러가 천문학 수업에 들어오자 매스틀린은 말했다. "아리스토텔레스는 오늘날에도 여전히 최종 권위로 받들어지는 많은 책을 저술하였다. 그의 학문에 대한 오늘날 영향은 측정하기 어렵다는 것도 맞는 말이다. 그러나 그에게는 많은 실수가 있다." "예를 들어, 나는 1572년 밤하늘에 떠돌지 않고 나타난 별이 아주 먼 대상이었다는 점을 확인하였다. 그것은 대기권의 빛이 아니었다. 나의 생각은 하늘은 영원불변이라고 하였던 아리스토텔레스의 견해에 반하는 것이었다. 학문에 대한 그의 죽은 손은 진리의 문으로 들어가려는 수많은 천문학자들을 장님으로 만들었다. 그의 추종자들은 나의 발견을 받아들이기를 거부하였다."

매스틀린은 이날 강의를 다음같이 요약하였다. "희랍인들은 하늘을 쳐다보았다. 그들은 하늘에 세 가지 유형의 대상이 있다는 것을 알았다. 태양과 달 그리고 소위 행성이라고 부르는 떠돌이별과 붙박이별이 그것이다. 아리스토텔레스는 천문현상을 사고실험을 통하여 설명하였다. 예를 들어, 공기 중에 불이 타들어 갈 때 화염에 무엇이 일어나나?" "화염은 공기 속으로 올라갑니다." 침머만이라는 학생이 말했다. 침머만은 성직자의 아들이었지만 버릇없이 자랐다. "그것은 맞다.

밤하늘의 별들은 빛의 화염으로 둘러싸인 채 지구로부터 가장 멀리 떨어져 있다. 그들의 자연적 성향은 위로 올라가려는 데 있다. 지금 흙과 물과 공기로 채워진 투명 유리컵을 상상해 보아라. 모든 것이 함께 섞일 때까지 흔들어라. 그리고 유리컵 안을 들여다보아라. 무엇을 볼 수 있나?" "왜, 흙은 바닥으로 가라앉습니다." 케플러가 말했다. "다시 올바른 답변이다."매스틀린이 말했다. "흙은 물과 분리되어 바닥 아래로 가라앉고, 공기 버블과 물방울은 위로 올라간다. 그것은 아주 명쾌하다. 아리스토텔레스가 논증하였다. 흙의 자연적 장소는 땅이고 중심이다. 우리가 우주의 중심이다. 만물은 우리가 사는 지구 둘레로 돈다." 매스틀린이 말했다. "그런데 최근에 이탈리아 수학계에서는 이러한 현상에 대하여 자연적 장소 운동을 거부하는 새로운 이론이 대두되고 있다. 지켜보아야 한다." "무엇이 행성들을 움직입니까?"

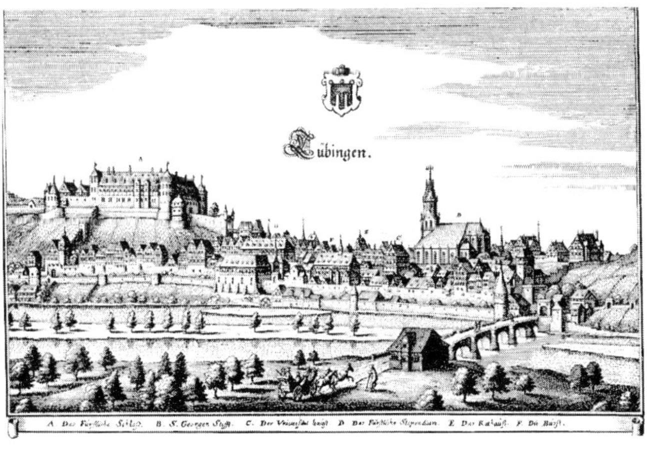

1642년 튀빙겐대학

케플러가 물었다. "아리스토텔레스에 따르면, 하늘은 투명한 결정체 천구로 이루어졌다. 이들의 공허한 글로브는 맞물린 기어같이 서로 접촉하는 마찰로 인하여 별들과 행성을 움직이며 소리를 낸다. 지구 역시 하나의 글러브이다. 지구는 운동이 없는 우주의 중심이다. 지구 위에 달이 있고, 그 다음 두 행성, 수성과 금성이 거주한다. 그 다음은 태양, 화성과 목성과 토성이 있다."

천문학 강의는 케플러를 매혹 시켰다. 매스틀린은 이미 그의 좋아하는 교수가 되었다. 매스틀린은 강의를 계속하였다. "대부분 사람들은 천체는 영원불변이라는 아리스토텔레스, 생각에서 벗어나지 못하였다. 그의 증명은 불완전하였다. 기원후 150년 희랍 천문학자 이집트 알렉산드리아의 프톨레마이오스[11]는 모든 행성들의 관찰 자료들을 수집하여 분석하였다. 그는 자신의 책을 『알마게스트』[12]라 불렀다. 모든 시대를 통틀어서 그 책은 오늘날까지도 최상의 천문학 교과서이다. 우리는 프톨레마이오스 책을 교재로 사용할 것이다."

"프톨레마이오스는 화성, 목성 그리고 토성운동을 설명하였다. 우리는 누구나 한번쯤 그들이 한동안 앞서가다가 정지하고, 뒷걸음질 친다는 것을 본다. 우리는 별들이 밤하늘에서 이러한 뒷걸음질 치는 루프를 후행 운동이라고 부른다." "행성들은 동심원으로 운동한다. 원은 완전한 곡선이고 하늘은 완전하

11 프톨레마이오스(C.Ptolemaios,100-170)는 고대 그리스의 수학, 지리학, 천문학, 점성학자이다.

12 『알마게스트 Almagest』는 2세기경 프톨레마이오스가 희랍어로 쓴 수학 천문서이다.

다고 보기 때문이다.

프톨레마이오스는 더 큰 서클 둘레로 작은 서클을 조합하는 고리 운동으로 천체현상을 설명하였다. 큰 서클에 작은 서클을 걸어놓으면 가다가 뒤로 가고 뒤로 갔다가 앞으로 와서 관측 현상의 인식문제를 해결한다."

"얼마나 많은 서클이 필요로 하나요?" 케플러가 질문하였다. 매스틀린은 그의 목청을 깨끗하게 가다듬었다. "한 시간을 위하여 27 서클은 충분하다. 그러나 행성의 실제 운동에 필적하게 계산하기 위하여서는 70개 보다 많은 서클을 사용하여야 한다." "우와! 70개 서클이나!" 케플러가 비명 소리를 질렀다. "그러나 하늘에는 일곱 개 행성만 있잖아요. 더 단순하게 만들수는 없나요?"

"아하! 정확하게는 폴란드의 코페르니쿠스[13]라는 천문학자에게 그런 생각이 들었다. 그는 프톨레마이오스 서클의 숫자를 최소로 삭감시켰다. 그는 서클의 숫자를 줄이기 시작하였다. 첫 단계는, 매일 스핀 하는 것은 지구이지 하늘이 아니라고 가정하는 것이었다."

침머만이 끼어들었나. "지구는 회전할 수 없이요! 그것은 너무 무거워요. 만약 지구가 매일 24시간을 스핀 하였다고 할지라도, 그것은 마차 바퀴테두리의 가장자리에서 튕겨 나간 진흙같이 공간 속으로 내동댕이 쳐질 수 있단 말이에요. 새들도 안정된 자세를 유지하며 하늘을 날아다닐 수 없어요." 매스틀린

13 코페르니쿠스(N.Copernicus,1473-1543)는 태양 중심 우주론을 주창한 폴란드 천문학자이다.

은 답변하였다. "코페르니쿠스는 질문하였다. 만약 지구 회전이 문제라면, 어떻게 부동의 지구 둘레로 붙박이별들과 천구와 태양이 하루 24시간을 공전할 수 있나?" 모두 조용하였다.

코페르니쿠스의 아이디어는 케플러를 기쁘게 하였다. "코페르니쿠스는 후행 운동을 설명하지 않았습니까?" "그렇다. 그는 두 번째 단계로 행성체계의 중심으로서 태양을 지구의 위치에 갖다 끼워넣었다. 지구는 태양 둘레로 화성 궤도 보다 작은 궤도에서 공전한다. 우리는 2년마다 화성을 추월한다. 우리가 그렇게 달려갈 때, 화성은 뒤쳐져있는 것으로 보인다."

매스틀린은 목소리를 더욱 카랑카랑하게 가다듬었다. "지구가 화성을 추월할 때, 화성은 뒤에 처진다. 마찬가지로, 여러분도 여러분이 타고 가는 마차가 늦게 가는 마차를 추월할 때, 똑같은 현상을 인지할 것입니다." "우와! 지구도 화성이나 금성 같은 한 행성이다!" 케플러는 기쁨의 소리를 질렀다. 그것은 정말로 풋풋한 아이디어였다. 다른 학생들은 어쨌든 그러한 생각에 거리를 두고 한걸음 물러섰다.

침머만이 말했다. "그것은 참으로 어리석습니다. 교육받은 대학의 교양인이 잘못 알고 있는 아이디어로 우리 대학의 지성인을 농락(籠絡)하지 마십시오." 다른 학생이 말했다. "우리는 천문학 수업에서 왜 일반상식에 반대되는 사례를 학습하는데 시간을 허비해야 합니까? 루터 자신은 지구가 우주의 중심이고 움직이지 않는다는 데에 굳건한 신념을 지녔습니다."

매스틀린은 목소리를 낮추어 정색하며 말했다. "사람은 자신이 충분하게 이해하지 못하는 것에 대해서는 함부로 말해서는 안 됩니다. 어쨌든 코페르니쿠스 자신은 자신의 아이디어가 올바르다는 것을 증명하지 못했다. 그는 자신의 태양 중심 이론을 출간하기를 원하지 않았다. 그는 동료들이 자신의 이론을 비판하는 것을 두려워하였기 때문이다. 그는 원래 가톨릭 사제가 되려고 공부하였다. 그리고 그는 전 생애를 통틀어 가톨릭 교회에 남았다. 교회 권위자들은 친절하게도 지구 천구를 어정쩡한 위치에 넣는 모험을 선택하지 않았다. 그래서 코페르니쿠스는 자신의 책을 복사본으로 유통시켰다.

코페르니쿠스는 말했다. '나는 천문학 무대에서 야유를 받고 싶지 않다. 대중은 내가 아는 것을 모르고 인정하지 않는다. 그들은 내가 오류를 범한 줄로 알고 있다." "그는 책을 출간하지 않았나요?" 케플러가 물었다. "그는 생애의 마지막까지 결코 책을 출간하지 않았다. 그는 책을 출판업자에게 보냈다. 그는 그것을 『천체의 회전에 관하여』라고 이름을 붙였다. 그것은 천구의 공전을 의미한다.

1543년 5월 24일, 첫 번째 복사본이 프라우엔베르그에 당도하였다. 그가 침대에 누운 채 죽음에서 벗어나려던 순간, 한 권의 책이 그에게 낭도하였다. 한 친구가 그의 손에 출간된 책을 넘겨주었다. 코페르니쿠스는 책을 받은 지 한 시간 후에 죽었다." 강의는 끝났다. 다른 친구들이 다들 강의실을 떠났다. 케플러는 강의실에 한동안 혼자 남아있었다. 매스틀린이 그의 머리를 뒤흔들었다. 그는 강의실에서 내려왔다. "많은 사람은 아리스토텔레스가 쓴 모든 것을 무비판으로 감수하고 있다."

매스틀린이 연구실에서 나오다가 케플러와 마주쳤다.

그들은 같이 대학언덕 아래로 향하여 천천히 걸었다. 케플러가 말했다. "저는 더 많은 것을 배우는데 코페르니쿠스에 관하여 관심이 많습니다." 대학언덕의 좁다란 골목길에 카페지기가 나와서 반갑게 맞이하였다. "매스틀린 교수님! 오랜만입니다. 오늘은 제자와 같이 오셨군요."

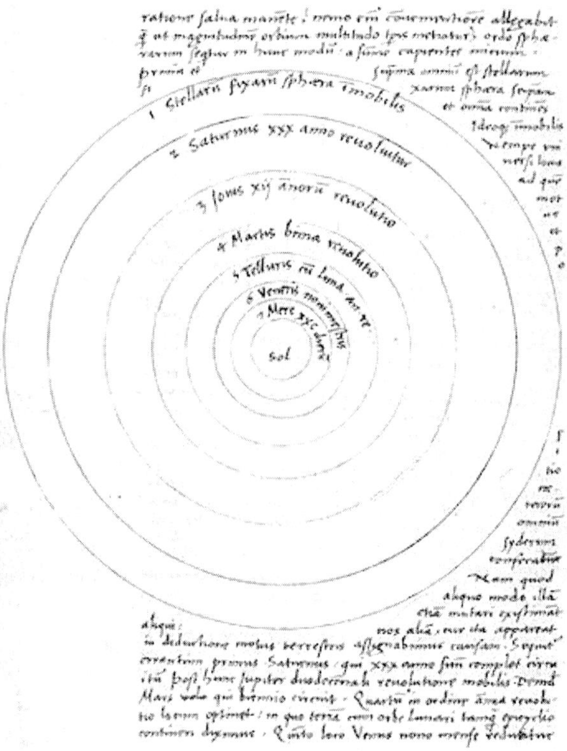

1543년 『천체의 회전에 관하여』

"꼬냑 한잔!", "자네는 뭘 마시나?" 케플러가 대답하였다. "저는 흑맥주를 주문하겠습니다."

매스틀린은 설명하였다. "출판업자는 『천체의 회전에 관하여』를 1,000부만 찍었다. 그의 책은 거의 절판되었다. 나는 자네가 읽을 수 있는 복사본을 갖고 있네. 또 자네가 이용할 수 있는 복사본을 갖고 있는 책 판매업자를 알고 있지. 아마도 자네는 『천체의 회전에 관하여』 서문의 신비를 풀 수 있을 것이네." "무슨 뜻입니까?" 케플러가 물었다. "코페르니쿠스가 의도하였던 주장은 어느 누구에게서도 확실하지 않았네. 그는 『천체의 회전에 관하여』 서문에서 자신의 작업은 천구에서 일어날 사건을 보다 쉽게 예측할 방식이라고 진술하였지. 하지만 그는 중요한 부분에서 한편으로 우주에는 참된 패턴의 도식이 있는 것인 양 논의하였고, 다른 한편으로 자신의 단순한 가설은 어떠한 실재도 없는 단지 행성을 바라보기만 하는 수학적 방식이라고 하였지."

"그러나 그것은 좀 애매모호한 말이네요." 케플러가 말했다. "진리는 단순한 곳에 있어요." 케플러가 말했다. "단순성이 진리를 만드나?" 매스틀린은 눈을 치켜뜨며 반문했다. 케플러는 생각하면서 답변하였다. "자연은 단순성을 선호합니다. 저는 확실히 그것을 압니다!"

매스틀린은 말했다. "코페르니쿠스 체계와 프톨레마이오스 체계의 차이를 판단하는 유일한 길은 있네. 그것은 관찰현상을 보는 이론의 단순성이야. 행성들에 대한 좋은 관찰은 나오기가 어렵지. 오직 한 사람만이 전 시간을 통하여 하늘을 관찰했네.

그자가 덴마크의 브라헤네.[14] 그는 벤 섬에 거대한 우라니보르그 천문대[15]를 갖고 있네,"

케플러는 수업을 통하여 놀랄만한 학문적 진보를 보여주었다. 그는 천문학에서 "A" 학점을 받았다. 교수들은 그가 자신의 주장을 치밀하게 추궁하면서 논증적으로 달성하였던 학문적 성과에 만족을 표현하였다.

케플러는 성경공부를 위하여 독일어, 라틴어, 히브리어, 희랍어의 4개 언어를 배웠다. 케플러는 나중에 하펜레퍼 교수의 학생으로 공부하는 것이 행운이라는 것을 깨달았다. 젊은 성경교수는 모든 학생을 친절한 미소와 따스한 마음으로 환대하였기 때문이다. 그는 목사가 되려는 학생들에게 유용한 충고와 상담을 병행하였다. 하펜레퍼는 말했다. "루터파 성직자는 성경 구절에 대한 질문에 답변할 수 있어야 한다. 이단에 답변하는 것은 여러분의 의무이다."

---

14 튀코 브라헤(T.Brahe,1546-1601)는 덴마크 천문학자로 지구-태양 중심체계를 제창하였다.

15 우라니보르그스(Uraniborg)는 튀코 브라헤가 1576년 덴마크의 벤 섬에 세운 천문대이다.

5. 대학의 낭만과 소명

케플러는 튀빙겐대학에는 여러 종류의 학생들이 있다는 것을 알았다. 어떤 학생은 나중에 수업에 들어왔고, 어떤 학생은 시간을 한가히 날렸다. 예를 들어, 침머만 목사의 아들은 아예 강의실에 들어오지 않았다. 극단적인 경우, 몇몇 학생들은 공부에 너무 많은 비중을 두어서 다른 친구들을 사귀려 들지 않았다.

케플러는 대학생활 시간표를 수강신청과목에 맞추어 배정하였다. 강의가 없는 날에는 다른 학생들과 교제하고 클럽 활동에 참여하였다. 그는 공강 시간에는 연극부 활동에 참여하였다. 튀빙겐대학에는 의사, 판사, 변호사, 약사 등 전문 직종에 종사하는 졸업생과 현역 학생들로 이루어진 "결속단체(Verbindung)"라는 클럽이 가장 큰 세력을 떨쳤다. 결속단체의 회원들은 넥카

강가에서 축제와는 별도로 봄가을에 검술시합을 열었다. 그들 가운데 신기하게도 얼굴이 깊은 칼자국이 나있는 학생들이 허다하였고, 그들은 이를 자랑으로 여겼다.

하펜레퍼는 평일 저녁에도 학생들의 취침상태를 점검하였다. 그러던 어느 날 하펜레퍼가 기숙사 방으로 들어왔다. 여러 학생이 방안에서 함께 휴식을 취하고 있었다. 장난기가 발동한 어떤 학생이 침머만 가운의 암홀을 꿰매고 있었다. 어떤 학생은 감자를 담는 보자기를 가운으로 고쳐 입고 방에 나타났다. 모두 이 우스운 상황에 저마다의 배역을 자청하면서 한바탕 웃었다. 감독관 스테판 갤락호 교수는 사감실로 장난꾸러기 주동자들을 불렀다. 사감은 그들의 장난기와 기숙사 생활규율을 문제 삼았다. 케플러는 자신을 속이지 않고 차분한 심정으로 처벌을 달게 받았다.

케플러는 학생들 사이에서 인기가 높았다. 그 이유는 그의 점성술에 관한 실천적 지식과 예언능력이 뛰어났다고 소문이 났기 때문이다. 매스틀린은 천문학 수업에서 점성술도 가르쳤다. 매스틀린은 말했다. "천문학자의 업무는 종교적 데이터를 계산하고, 달력을 만들고 별점을 치는 일도 포함한다. 태양, 달 그리고 행성들은 항상 황도십이궁이라고 부르는 하늘의 밴드에서 여행한다. 그들은 황도십이궁에서 열두 위상을 만든다. 물병자리, 쌍어궁, 백양궁, 금우궁, 기타 등등."

매스틀린은 별들의 위상을 명명하며 강의실 칠판에 이름을 적었다. 케플러에게는 이들의 이름이 아주 익숙하게 머릿속으로 들어왔다. 밤하늘 별들의 이름은 어렸을 때 어머니가 늘 들려주었기 때문이다. V 형의 별들은 황소의 뿔을 만들었다. 처녀자리의 두 쌍둥이별, 윙크하는 전갈의 붉은 눈, 사자자리 가운데 낫 형태의 머리, 사자자리의 삼각형 엉덩이 등등이 있다. 매스틀린은 이어갔다. "행성들은 황도십이궁의 위상에서 그들은 등급을 변화시킨다. 점성술사는 점을 치기 위하여 조짐을 읽는다. 자, 어떻게 작동되나? 모든 왕과 통치자들이 왕실에 점성술사를 고용한 것은 조언을 얻기 위함이었다."

친구들은 케플러의 탁월한 천문학적 능력 때문에 점성술의 조언을 구하려고 케플러에게 몰려왔다. 예거가 단순한 질문을 던졌다. "나는 이번 가을에 집으로 여행하려고 한다." 그가 설명하였다. "고향 가는길에 비출 둥근달을 볼 수 있겠나?" 그는 도둑과 노상강도들이 어두운 밤길에 여행하는데 위험한 존재라는 것을 알았다. 케플러가 친구를 위하여 달이 차오르는 만월 주기를 계산하였다. 결과를 알렸다. "마음 놓아라, 예거야. 둥근 달이 너를 환히 비출 것이다." 가장 어려운 테스트는 별점이다.

어느 날 붉은 얼굴을 하고 아주 큰 목소리를 가진 렙스톡이 케플러를 어깨를 쳤다. "내 점 좀 쳐 보아라." 렙스톡이 닦달하였다. 케플러는 뒤로 물러섰다. 렙스톡의 숨소리에 맥주 냄새가 확 풍겨 나왔다. "나는 네 생년월일을 알아야 한다." 케플러가 숨을 참아가며 말했다. 렙스톡이 자신의 정보를 제공하였다. 케플러는 이 데이터로 렙스톡의 탄생 시간의 행성의 위치를 계산하였다. 그다음 그는 매스틀린이 소지하고 있는 차트를 돌렸다. 빽빽하게 적어놓은 차트는 언제 여행하여야 하는지.

언제 영업을 하여야 하고, 언제 수염을 깎아야 할지도 말한다.

케플러는 각 경우에 특징을 적어놓은 지문을 상황에 맞게 잘 판단하여 풀이하였다. 그가 나중에 점성술에 관한 달력을 제작하였을 때, 이 경험은 많은 도움을 주었다. 그는 렙스톡의 붉은 얼굴과 맥주 냄새 때문에 술 문제를 가질 것이라고 예견하였다. 렙스톡은 이후에 만나는 사람마다 술 때문에 사고뭉치를 달고 다녔다. 그 예견은 정말로 너무나도 제대로 적중하였다. 그는 별점으로 미리 예견되었기 때문에 그런 일이 일어났다고 믿어서 잔뜩 화가 났다. 그는 케플러의 방으로 쳐 들어왔다. 그는 술 취한 가운데 결투를 신청했다.

다음 날 수업이 끝난 저녁 케플러는 매스틀린을 찾아갔다. 매스틀린은 케플러를 데리고 대학의 언덕 아래 골목길을 따라 단골 맥주집으로 들어갔다. 그들은 넥카강 야경이 보이는 자리에 앉아 점성술에 관하여 이야기를 나누었다. “제 마지막 예견은 사태를 벗어났습니다.” 케플러가 레드와인 한 모금을 입속에 머금고 자신의 턱을 손가락으로 가리켰다. 렙스톡이 가한 타격으로 여전히 아팠기 때문이다. “저는 순전히 논리에 따라 렙스톡의 별점을 쳤습니다. 그러나 무엇인가를 말해줄 별점을 따로 본 적은 없었습니다. 논리가 말하는 느낌대로 말했을 뿐입니다. 침머만은 착한 학생이기에는 너무나 게을렀습니다. 다른 경우에 저의 예견은 완전히 빗나갔습니다.” 매스틀린은 제자의 표정을 무표정하게 읽으며 미소를 짓지 않았다. “항상 질병을 예견하여라.” 그가 말했다. “그것이 참이 되는 것은 확실하다.” 케플러는 피식 웃었다. 다른 문제로 넘어갔다.

매스틀린은 가죽가방에서 누런 가죽제본으로 표지가 장식이 된 누리끼리한 책을 꺼냈다. 구석은 떨어져 나갔고 본문에는 빗물로 얼룩져 퀴퀴한 냄새까지 났다. 그것은 『천체 회전에 관하여』의 복사본이었다. 그는 케플러에게 이 책을 건네며 말했다. "자네가 진정으로 천문학을 학문적으로 다루려면 이 책으로 승부를 보아야 한다. 자네는 이 책을 읽고 한 걸음 더 나아간 이론을 제시해 보게." 케플러는 말했다. "저에게 이 책을 읽게 해주셔서 감사합니다. 누가 그의 천문학 체계를 의심한단 말입니까?" 매스틀린은 말했다. "코페르니쿠스 체계는 성직자가 고수하기에는 위험하다. 자네는 코페르니쿠스 체계를 계산으로 조명하는데 현명하게 처신하여야 한다." 케플러는 물었다. "이래서야 어떻게 새로운 것을 배운다고 말할 수 있겠습니까? 오늘날 학자들은 혁신적 아이디어를 완강하게 거부합니다. 그들은 굴과 같이 옛 이론에 다닥다닥 붙어 있어 끊임없이 재탕하고 있습니다. 통탄할 일입니다" 매스틀린은 케플러의 질문에 어떠한 답변도 하지 않았다.

케플러가 일어서며 말했다. "저는 오늘 저녁 연극무대에서 마지막 리허설을 준비해야 합니다." 학생들은 성경 이야기에 기초한 드라마를 써서 야외 원형극장 연극을 기획하였다. 케플러는 찬송을 좋아했기 때문에 합창 단원 배역을 자원하였다. 연출가는 이미 케플러를 염두에 배역을 정해놓고 케플러에게 출연을 요청하였다. 연출가는 케플러 방에 찾아와서 간곡하게 부탁하였다. "우리는 교내 캠퍼스에서 가장 유명한 사람을 캐스팅하였고 여성 역할도 하도록 대본을 짰다." 당시 소녀들은 대학에 입학할 수 없었다. 그렇기 때문에 출연을 맡은 학생들은 모두 남녀 역할을 수행하였다. 연출가는 케플러에게 배역을 맡기면서 라인을 익히도록 철저하게 연습을 도왔다. 그는 왕비의 역할을 완벽하게 해냈다. 케플러는 열린 야외원형극장에서 추위로 말미암아 감기에 걸렸다. 그는 대학의 의무실 침대에서 2주 동안 누었다.

케플러가 회복되자, 그는 크루시우스 교수의 수학과 음악특강을 들으러 갔다. 케플러는 그가 강의하는 희랍 철학자 피타고라스의 음악 이야기를 듣는 기회를 놓칠 수가 없었다. 크루시우스는 말했다. "피타고라스는 전체 우주는 수로 표현될 수 있고 그것을 조화로 나타낼 수 있다고 믿었다. 우주는 음표로 표현할 수 있는 음악적 조화로 짜졌다." 케플러는 매스틀린의 기하학 강의 시간에서 들었던 피타고라스 정리를 기억하였다. 그는 말했다. "피타고라스는 직각 삼각형 정리를 증명하였습니다. 직각 삼각형의 대변 길이의 면적은 밑변과 높이 길이의 면적의 합과 같습니다." 크루시우스 교수가 끄덕였다. "피타고라스 정리는 잘 알려졌다. 그러나 피타고라스는 하늘도 연구하였다. 그는 하늘에는 결정체 천구가 서로 부딪치므로 행성들이 운동한다고 믿었다. 행성 운동으로 일어나는 마찰이 조화로운 소리를 낸다. 크루시우스는 피타고라스를 인용하였다. "천구의 기하학은 일금현이 울리는 소리에 있다. 천구 공간을 울리는 음악이 있다."

크루시우스 교수는 말했다. "피타고라스에 따르면, 천구 음악은 지구 둘레로 도는 행성들의 거리 간격에 맞추어 울리는 일금현의 노래이다. 이 노래는 재능이 있는 귀를 지닌 자만이 들을 수 있다." 케플러가 물었다. "행성이 가는 길을 음악으로 표현한다고요? 그것이 행성궤도를 기술하는 계산이라고요?" 크루시우스는 말했다. "피타고라스는 그렇게 생각하였다." "얼마나 위대한 발견이냐!"

케플러는 뮬러 교수에게서 들은 최근 철학계에서 일어난 마테리아(materia)의 논쟁이 떠올랐다. 피타고라스가 시도한 증명이 무엇이었느냐 하는 것이었다. 바티칸에 다녀온 한 여행객의 이야기에 따르면, 이탈리아 화가 라파엘로는 「아테네학당」이라는 그림에서도 그 점을 보일락 말락 그려놓았다는 것이다. 피타고라스는 달 수성 금성 태양 화성 목성 토성의 행성질서를 오선지의 가장 높은 곳에서부터 가장 낮은 곳까지 2옥타브에서 표현하도록 나무판에 적었다. 지구에서 태양까지가 1옥타브 태양에서 토성까지가 1옥타브가 되므로 2옥타브 이내에 모든 행성들이 오선지에 배열된다.

케플러는 천체의 움직임에서 하나님이 현존하심을 실제적으로 보여주는 내용증명을 원했다. 그가 말했다. "나는 하나님을 만날 수 있다. 내가 우주를 연구할 때, 나는 나 자신에서 그분을 거의 느낄 수 있다. 나는 천문학에서 하나님을 만난다." 그것은 그림이 아닌 계산을 의미한다.

1594년 초에 튀빙겐대학 총장은 전체 학과회의를 긴급 소집하였다. 교수들은 학과장 회의실 테이블 둘레로 좌석을 잡고 앉았다. 키 크고 품위 있는 크루시우스가 밝은 표정으로 제일 먼저 자리를 잡았다. 조용하고 검은 머리의 매스틀린이 다음을 이었다. 다정다감하고 젊은 하펜레퍼가 숨 가쁘게 들어왔다. 마지막으로 총장 자격으로 감독관 겔락호 교수[1]가 치글러 교수와 함께 회의장으로 들어왔다.

겔락호가 회의장에서 회의 봉을 두드렸다. 모두 집중하여 테이블 앞에 놓은 공문서를 읽기 위하여 의자를 끌어당겼다. 한꺼번에 의자를 움직이는 바람에 마루에 긁히면서 소리가 났다. 총장 비서가 회의준비를 알렸다. 겔락호는 회의 목적을 설명하였다. "슈타이어마르크의 그라츠 개신교 신학교에서 제게 게오르규 슈타디우스 교수[2]의 사망소식을 전해왔습니다. 그라츠신학교는 우리에게 그의 후임을 추천해 달라고 공문으로 요청하였습니다. 이 신학교는 뷔템베르크 대학에 계시던 멜랑히톤 교수[3]님께서 제안하신 학제에 따라 운용되어 우리 대학체계와 같습니다. 따라서 우리는 그라츠신학교에서 가르칠 교수 한 명을 선발하여야 합니다." 겔라호의 위임을 받은 치글러 교수가 말했다. "우리 대학의 교수님들은 우수한 학생들 가운데 한 명을 교수요원으로 추천하기기를 바랍니다." 겔라호는 보충으로 설명하였다. "우리가 지명하려는 학생은 신앙이 강해야 하고 수학지식이 뛰어나야 합니다."

케플러는 이해 가을까지 졸업할 수 없을 것이다! 이것은 교내에서 케플러에게 전혀 알려지지 않은 공공연한 사실이 되어갔다.

---

1 겔락호(S.Gerlach,1546-1612)는 튀빙겐대학의 신학교수이다.

2 게오르규 슈타디우스(G.Stadius,1550-1590)는 뷔템베르크 출신의 그라츠신학교 천문학자이다.

3 멜랑히톤(P.Melanchthon,1497-1560) 독일의 종교개혁자이다.

라파엘로의 아테네 학당

겔락호 교수는 매스틀린에게 물었다. "당신은 우리 수학과 학생들의 성적을 지켜 보아왔소. 누가 가장 뛰어나오?" "왜요, 두말하면 잔소리죠. 요하네스 케플러죠." 매스틀린이 말했다.

"저는 그를 추천하는데 주저하지 않습니다. 그가 비록 비상한 정신의 소유자라고 할지라도 그렇습니다." "당신은 그가 비상한 인간이라고 하였소. 왜, 그렇소?" 갤락흐가 물었다. "최근에 케플러가 천문학 수업에서 자신이 쓴 논문을 제게 보여주었습니다. 그는 이 논문에서, 달에 있는 사람에게는 이 우주가 어떻게 보이게 될지를 상상하였습니다."

"달로부터?" 크루시우스가 외쳤다. "어떻게 그가 거기까지 올라갈 수 있다고 생각하였단 말입니까?" 매스틀린은 말했다. "그의 상상력에 있었습니다. 들리는 말에 의하면 그는 소년 시절부터 달나라로 날아가는 꿈을 꾸었다 합니다. 그것은 그에게 여러 가지를 생각하게 하였습니다. 제가 그의 논문을 심사해보니, 그는 이 논문에서, 만약 달이 우주의 중심이라면, 어떻게 하늘이 움직일 수 있는지를 기술하였습니다. 거기에는 천문학의 설명과 크게 차이가 있는 것도 많이 들어있었습니다. 저는 이같이 듣도 보도 못한 기발한 발상을 여태껏 접해본 적이 없습니다."

크루시우스는 빈정대는 감정을 감추지 않고 단도직입(單刀直入)적으로 말했다. "그것은 이제껏 내가 들은 것 가운데 가장 어안이 벙벙한 것입니다. 그것은 천문학의 지식이 올바르게 반영되지 않은 것으로 보입니다. 우리는 어디서 그가 그 기이한 아이디어를 캐내었는지를 모르겠습니다. 루터파 성직자는 난센스를 쓰지 말아야 합니다."

켈리우스는 경고하였다. "만약 그 논문이 코페르니쿠스 이론을 개선하는 데에 공헌한다면, 그것은 그가 가려는 목회자의 길을 위태롭게 할 수 있습니다. 목회자는 원문과 번역문 사이에서 오류를 일으키는 표현을 삼가야 합니다. 그는 원문 이해를 돕기 위하여 없는 부분까지도 추가하였는데 오히려 오해를 일으키는 것은 아닌지 우려됩니다." 매스틀린은 쉽게 말했다. "그는 이번 학기에 수강한 과목들은 전부 A+을 받았습니다. 하지만 저는 천문학 과목에서 A-를 주었습니다. 우선 그의 논문은 희랍어와 관련하여 어휘, 문법, 구문의 오류 등, 해석의 오류가 보이며 많은 라틴어 비문으로 되어있습니다. 그 논문을 옆에다 밀쳐두었습니다. 아마도 그는 그 글로 자신에게 돌아오는 부메랑 효과에 대하여 충분하게 생각해 두지는 못했던 모양입니다. 저는 그가 목회자의 길과 천문학자의 길 사이에서 방황하지 않을까 의구심이 듭니다. ”

겔락호는 하펜레퍼의 견해를 물었다. 하펜레퍼는 말했다. “케플러는 올해 말까지 성직자가 되기 위한 논문심사를 끝낼 수 없을 것입니다. 그라츠신학교는 저학년을 가르치는 사람은 교사라고 부르고 고학년을 가르치는 사람은 교수라고 호칭합니다. 그가 학생 신분에서 그곳으로 교수로 가면, 설교자가 될 기회를 놓칠 것입니다.” “그가 좋은 설교자가 되어야 하는 어떤 이유라도 있습니까?” 겔락호가 물었다. 하펜레퍼는 질문에 곰곰이 생각하였다. “저는 엄격한 루터 종파 교인은 그를 완전히 건전하다고 여길 수는 없을 것이라고 봅니다.” 겔락호는 물었다. “왜죠?” 총장보의 자격으로 전체 교수회의를 주재하는 겔락호는 단호한 얼굴로 여하한 스캔들에서도 힌트를 얻으려고 귀를 기울였다. 그는 뷔템베르크 공국의 교육담당관에게 회의결과를 전하여 대공의 승인까지를 받는 총괄업무를 담당하였다.

하펜레퍼는 말했다. “케플러는 성경 해석에서 이단을 척결하는 일에 대하여 지나치게 관용적인 마음씨를 지녔습니다. 구원파, 재세례파, 만민교회등 이단들이 많습니다.” “하지만 만약 그럼에도 불구하고 그가 수학 교수가 되면, 우리는 유능한 성직자를 잃습니다. 여전히......” “예?” 겔락호가 신속하게 말꼬투리를 올렸다. “그는 젊고 유능합니다. 주님이 그에게 성직자 예복을 입히시기 전까지는 여전히 성숙할 것입니다. 그는 수년 안에 그는 신학 분야에서 두각을 나타낼 것입니다.”

겔락호가 이윽고 정리하여 말하였다. “케플러를 지명하는데 어떤 다른 이의는 없습니까?" 그는 회의실 둘러보았다. "그러면 결정되었습니다. 케플러에게 그라츠신학교 수학교수직을 제안할 것입니다." "그러나 그가 수락할까요?" 크루시우스가 물었다. "외국여행입니다." "제가 직접 케플러에게 말해보겠습니다." 하펜레퍼가 말했다.

하펜레퍼는 한 시간 이내에 케플러에게 뉴스를 전했다. 케플러는 놀라는 얼굴로 눈을 깜박거렸으나 불확실성은 곧 놀라움으로 대치되었다. 케플러는 말했다. "솔직히 영광입니다. 하지만 저는 성직자를 위한 학위과정을 끝내지 않았습니다. 그때까지도 그 자리는 저를 기다려줍니까?" "그래서 말이다." 하펜레퍼는 말했다. "그 자리는 즉각 충원되어야 한다." 케플러는 아랫입술을 깨문 채 생각에 잠겼다. 하펜레퍼는 말했다. 자네는 나중에 목사 직무과정을 마칠 수 있을 것이네. 그때까지 문은 항상 열려있네." 케플러는 반신반의(半信半疑)하면서 말했다. "그곳은 800km보다 더 멀리 떨어져 있습니다. 게다가 저는 여행비도 없습니다." 하펜레퍼는 말했다. "그런 걱정은 할 필요도 없다!"

튀빙겐대학 학생들은 복음전파를 위하여 뷔템베르크를 떠나기 싫어하였다. 그들의 조국 사랑은 종교적 의무감을 무디게 하였다. 그들은 어디에선가 일할지를 원한다면, 그들은 기꺼이 고향에 머무르려고 한다고 들었다. 그런데 이제부터 자신이 자신을 이끌어 가실 주님이 부르시는 곳으로 달려갈 결단을 해야 한다.

케플러는 실제로 느꼈던 심장박동 보다 더 강하게 보이려고 어깨를 부추겨 올렸다. "교수님 말씀이 옳습니다. 가겠습니다."

그는 먼저 바일데어슈타트에 가서 제발트 할아버지에게 인사드리러 갔다. 케플러는 제발트 할아버지에게 설명하였다. "뷔템베르크 대공4께서는 튀빙겐대학의 학비를 대주셨습니다. 제가 뷰템베르크를 떠나기 전에 대공을 뵈어야 합니다. 그리고 출국허가도 받아야 합니다." 그다음 그는 어머니와 외할머니 굴덴만을 보기 위하여 신속하게 앨팅겐에 외갓집을 방문했다.

케플러는 뷔템베르크 대공을 방문하였다. 대공은 케플러를 서재로 불러들였다. 대공은 옷을 잘 차려입은 보통사람과 같았다. 화려하게 치장하지는 않았지만, 검은 재킷을 입고, 무릎까지 올라오는 양말을 신고 흰 모피에 스페인 망토 장식을 걸쳤다. 강력한 희색 눈은 일상적인 얼굴 뒤에 불타는 지적인 마음을 보여주었다. "그대가 튀빙겐대학에서 가장 우수한 수학자라고 들어서 알고 있다. 그라츠신학교에서 루터의 정신에 따라 교육을 통하여 시대정신에 부응하는 인재를 양성해주길 바라네. 그리고 문제가 생기면 언제라도 나에게 연락하게" 케플러는 대답하였다. "백작님께서는 제 하비를 대주셨고 앞길까지도 열어주셨습니다. 백작님께서 도우시고 주님의 뜻이라면 어디라도 못가겠습니까?" 대공은 아주 단순한 것을 물었다. 그들 사이의 대화가 느긋해졌다. 대공은 케플러의 손을 잡았다. "그라츠로 가라." 대공이 말했다. "만약 그대가 필요로 하면, 언제라도 마음 놓고 짐을 불러라." 대공은 1594년 5월 5일 케플러의 그라츠신학교 교직원 발령에 서명하였다.

---

4 프리드리히 1세(Friedrich I,1593-1608)는 남부 독일 뷔템베르크 대공이다.

케플러는 튀빙겐대학 교수와 학생들을 사랑하였다. 그들에게 잘 있으라고 말하며 떠나는 이별은 가슴 아픈 일이었다. 그는 인사차 하펜레퍼 교수의 연구실에 들렀다. 그가 말했다. "대학에서도 급작스러운 일이라서 준비하지 못했네. 경리과에 들러보게. 자네 여행비가 나왔을 것이네. 봉급을 받으면 다시 돌려주게." 케플러가 대학본부로 가자 겔락호 감독관은 그의 손에 튀빙겐대학 로고가 든 가죽 가방을 맡겼다. "여행비 50굴덴[5]이다. 자네도 이제는 교수봉급을 받게 될 것이네. 그라츠에 도착하면, 대출을 갚게."

1594년 3월 13일, 스물두 살의 케플러는 모교인 튀빙겐대학을 떠났다. 떠나기 전날 3월 11일 친구 야콥 촐러만에 다음 글을 라틴어로 남겼다.

여기서는 사는 것이, 매일 죽는 것을 의미할진대, 삶의 시작은 곧, 죽음의 시작이로다. 너는 무엇을 주저하느냐, 오 나약한 인간이여! 스러져가고 죽어가며 다시 태어나기 위함인가?

---

5 당시 1굴덴은 우리 돈으로 약 4만원 정도로 추정하고 있다. 참고 성영은(2011), 254쪽

6. 그라츠신학교 교수

케플러의 첫 여행이 시작되었다. 튀빙겐과 그라츠를 가르는 거리는 800km나 떨어진 험로이다. 산을 넘어 강[1]을 건너 검푸른 숲을 통하는 원시림의 도로를 여행하여야 한다. 케플러는 대공의 따뜻한 격려와 하펜레퍼 교수의 배려에서 용기를 냈다. 그는 학생들이 고향을 저버리고 떠나기 싫어하였던 이유를 생각해 봤다. 그리고 자신이 튀빙겐을 떠나야 했던 이유를 생각했다. 그것은 믿음에 대한 사명감이었다. 무엇보다 더 하나님께서 그렇게 하기를 원하신 것이다. 케플러는 말 한 필을 사서 울름까지 가벼운 마음으로 말을 몰았다. 추위가 아직 가지지 않았다. 산악

---

1 도나우(라틴어 Donabius)강은 독일 남북에서 흑해로 흘러가는 2,800km의 유럽에서 두 번째로 긴 강이다.

지대에는 녹지 않은 눈이 눈에 띄었다. 말에 올라서니 상쾌한 겨울 냄새가 났고 코로 신선한 봄 냄새까지 들어왔다.

케플러는 그라츠에 도착하기까지 걸리는 시간을 3주로 예상하였다. 그는 어둡기 전에 여인숙을 찾았다. 여인숙은 여행객을 갈취하였던 노상강도로부터 음식, 휴식과 안전을 제공한다. 다른 방식으로는 신변안전을 보장할 수 없다. 케플러는 여인숙에서 저녁 식사를 마치고 벽난로 라운지로 나갔다. 그곳에서 여러 여행객은 난로에 퐁뒤[2]를 끓여 먹으며 온갖 뉴스, 풍문 그리고 소문을 퍼 날랐다. 케플러는 이들의 이야기를 열심히 들으면서 약간이나마 세상이 어떻게 돌아가는지를 알게 되었다. "흥미로운 이야기꺼리를 찾소? 젊은이!" 여인숙 주인장이 물었다. 그는 덤플링이 든 김이 나는 주발을 테이블 위에 올려놓았다. 케플러는 말하였다. "저는 대학에서 고대사는 좀 배웠습니다. 그러나 요즘 세상 돌아가는 이야기에 대하여 아무것도 들은바 없습니다. 이야기 좀 해주세요! 여행자들의 주장대로, 터키가 빈을 공격하려고 전쟁준비를 한다는 말이 맞습니까?" 여인숙 주인장은 어깨를 으쓱했다. "낸들 알겠소?"

케플러는 울름에 도착하자 말을 팔고 곧장 도나우강 아래 바지선의 통행권을 구매하였다. 도나우강은 유럽에서 가장 중요한 강이다. 이 강은 슈바르츠발트의 깊숙한 산악의 개울물로부터 발원하였다. 독일에서 물의 세기를 모았고 오스트리아를 통과하면서 흑해(黑海)까지를 치달리는 길고도 긴 강이다. 그는

---

2 퐁뒤(fondue)는 알프스 산악지대를 발상지로 하는 다양한 종류의 치즈 전골요리 이다.

통행료를 물었다. "15굴덴", 화물선 주인이 말했다. 너무 비싸 보여 마음이 내키지 않았다. 여행 경험이 없는데다 오랫동안 말을 타느라 심신이 피곤하였다. 케플러는 약간 낮은 가격으로 바지선 가격을 흥정하였다.

바지선은 도나우의 검푸른 물결을 따라 강물이 이끄는 데로 흘러간다. 케플러는 바지선의 갑판에 몸을 맡기면서 강과 산을 바라보았다. 어쨌든 여행은 자신의 상상대로 되지는 않았다. 울름에서 본 도나우는 여전히 성난 강물로 넘실거렸다. 바지선이 높은 산악지대의 가파른 협곡에 이르자 물결이 스며들면서 발사되었다. 예기치 못한 소용돌이와 방심할 수 없는 구부러진 물살이 날아왔다. 바지선 키는 반발하는 장대를 따라 바쁘게 좌우로 요동하였다. 선원들은 아슬아슬하게 달려가는 바지선의 좌초를 피하려고 부지런히 노를 저였다. 바지선은 악조건에서도 강의 가장자리에 돌출한 바위 조각을 요리조리 피하였다. 케플러도 뱃길에 따라 이리저리 몸을 움직였다. 바지선 갑판에는 곡식 짐, 모직 가방, 황소 무리는 요동치는 강물을 놀란 눈으로 지켜보고 있었다.

케플러는 갑판에 쌓이놓은 직물 보따리 꼭대기 위로 엉금 엉금 기어 올라갔다. 그는 쉴 새 없이 상대를 서어대는 뱃사공의 작업에는 개입하지 않았다. 갑자기 소용돌이치는 강물이 바지선을 덮쳤다. 바지선이 삑 하고 소리를 질렀다. 강물결의 물방울 분말이 그의 얼굴을 흠뻑 적셨다. 케플러는 짐이 이동하지 말기를 바랐다. 그는 좌불안석으로 휴식을 취할 수 없었다.

도나우 바지선

날이 저물자 이윽고 배가 부두에 접안하였다. 케플러는 추운 방 공기에 떨었다. 강 여행은 그가 상상하였던 대로 재미만 있는 것은 아니다!

다음날 강폭이 넓어졌다. 강물의 속도도 느슨해졌다. 케플러는 긴장을 풀었다. 그는 곡식의 포대 위에 머리를 누이고 뒤로 몸을 젖혔다. 그는 표류하는 보헤미아 수풀의 산악을 쳐다보았다. 큰 산악 언덕 위로 드문드문 솟아오른 흰 성들이 태양 빛에 빛나고 있었다. 드디어 바지선이 오스트리아 린츠에 도착하였다.

케플러는 주머니에 있는 돈을 세어보았다. 15굴덴 가량 남아 있었다. 그는 린츠의 바지선 선착장에서 내렸다. 그는 도보로 가기로 하였다. 린츠에서 그라츠로 가는 길은 지금까지 도나우 강을 이용한 것과는 달리 깊은 계곡에 높은 산악지대를 통과하여야 한다. 케플러는 생각하였다. 남은 돈을 다 쓰고 나면 그라츠에 무일푼으로 도착할 것이다. 언제부터 자신에게 첫 봉급을 지급할 것이냐?

케플러는 울창한 숲속이 펼쳐지는 계곡 길목으로 한참 올라가다 빌드알펜에 이르러 작은 호수에 아늑한 정경이 있는 여인숙을 발견하였다. 그는 1594년 4월 1일에 그라츠에 도착할 수 있을 것으로 생각하며 중얼거렸다. "이곳에서 따뜻한 음식으로 허기를 채우면서 길 안내도 받으리라!"

여인숙 입구에 들어서 숙박계를 쓰려고 보니 "금요일, 4월 1일"이라고 구렛나루에 코가 삐쭉 나온 주인이 답변하였다. 그는 혼란스러웠다. "열흘이 없어졌군요." 주인이 웃었다. "걱정마시오. 우리는 그레고리 달력을 쓰고 있소. 새로운 슈타이어마르크 달력이라오. 당신이 바이에른으로 들어왔을 때 당신은 이미 열흘을 잃어버린 것이요. 여기서는 새로운 슈타이어마르크 달력을 써야 하오." 케플러는 곧장 잃어버린 열흘을 이해했다. 12년 전 교황 그레고리 13세는 새로운 달력을 공표하였다. 슈타이어마르크 구식달력 혹은 율리아누스 달력은 로마 시대 이래로 사용되었다. 그러나 사순절과 다른 종교기념일 절기를 지키기에는 맞지 않았다. 그래서 그레고리 교황은 율리아누스 달력을 교정하기 위하여 새 달력에서 10일을 빼노록 명령하였다.

3월 1일은 3월 10일이 되었다. 그레고리 달력은 이를 올바로 운용하기 위하여 윤년을 두었다. 왜 10일을 걱정합니까?" 케플러가 매스틀린에게 물었던 적이 있었다. "아, 그것은 중요하다." 매스틀린이 말했다. "자네는 12월 27일 태어났지. 겨울이 시작되는 때지. 그러나 실제 자네 생일은 늦가을이야. 시간을 조정하지 않으면, 자네 출생일과 크리스마스는 한여름에도 올 수 있지." "교수님께서는 달력은 12월 27일로 읽을 것이나, 달력을 조정하지 않으면 혼란이 올 수 있다는 말이군요!" 케플러가 말했다. "정확하게, 그렇다네." 매스틀린이 말했다.

율리아누스 달력과 그레고리 달력의 이중체계는 많은 문제를 일으켰다. 사람들은 중요한 모임을 위하여 뷔템베르크를 떠나 장거리 여행을 하였지만 모임 이후에 도착하는 일이 자주 일어났다. 개신교는 가톨릭과 같이 그레고리 달력을 사용하여야 하였다. 사실에 대한 갈등은 종종 종교 그룹 사이에 분쟁을 일으킨다. 한 측면은 다른 측면을 무시하기 때문이다. 그는 조금씩 무의미한 종교 갈등을 미워하기 시작하였다. 케플러는 율리아누스 달력 대신에 그레고리 달력을 받아들였다.

케플러가 저녁 식사를 마치고 거실의 벽난로로 나오자 주인은 어디로 가야 안전한 지름길인지를 안내하였다. 린츠에서 그라츠로 가는 220km 길은 알프스 산맥 가운데 에서도 첩첩산중의 계곡 이다. 케플러는 가도가도 끝이 없어 보이던 계곡의 물길을 따라 4월 11일에 그라츠에 도착하였다. 케플러는 그라츠의 무어강 경치를 바라보며 튀빙겐의 넥카강과 튀빙겐의 첨탑에 놓인 대성당과 비교하였다. 예수회 사람들은 그라츠에 대학을 설립하였고 반면에 개신교 사람들은 신학교를 설립하였다.

케플러는 시청에 들러 전입신고를 마치고 곧바로 신학교로 갔다. 개신교 신학교의 수장은 빌헬름 침머만 목사였다. 침머만 목사는 케플러를 환영하였다. "우리는 개신교 교육의 최첨단 천문학 분야에서 가장 뛰어난 당신을 맞이하게 되어 대단히 기쁘게 생각합니다.” 하지만 그는 자리에 앉자마자 다짜고짜 대학 후배에게 예기치 못한 질문부터 던졌다. “왜, 튀빙겐은 우리 아들을 퇴학시키지 않습니까? 그는 정규학과 과목을 공부하기에 지적인 능력이 부족하지 않았습니까? 그는 자신의 권리와 의무를 다하여야 했을 것입니다. 진리와 봉사만이 그를 도울 수 있을 것입니다.”

케플러는 충격을 받았다. 그라츠신학교 교장이 자신의 친구 침머만의 아버지라는 사실을 말하였기 때문이다. 이 질문에 어떻게 답변할 것인가? “목사님의 아드님은 학업에 실패하였습니다. 그는 수업과제와 숙제를 하지 않았습니다. 그는 출석도 거의 하지도 않았기 때문에 졸업을 하지 못하였습니다. 저는 보다 특수한 상황에서 수업과제를 충실히 하였고 출석도 빼먹지 않아서 졸업할 수 있었습니다. 아드님은 제대로 마음가짐을 다지지 못했습니다. 그는 학생의 의무를 다하지 않았습니다. 대학이 진작부터 권리행사를 하였더라면, 그를 퇴학시키는 선택만 남았을 것입니다.”

케플러는 다소 당혹스러웠다. “내가 너무 단도직입적이었나?” 침머만 목사는 가까스로 감정을 억누르며 말했다. “내 아들에 관한 이야기는 나도 들어서 잘 알고 있습니다. 좋습니다! 우리는 다른 문제로 넘어갑시다.”

침머만 목사는 케플러에게 말할 때 그의 어깨를 들썩거렸다. 그는 케플러와의 대화가 간접적일 수 있다는 점을 고려하는 같았다. 그는 설명하였다. “여기서는 신학교가 2년보다 오래되었을지라도, 우리의 입지는 그라츠 대학에 비교하면 확고하지 않습니다." 침머만 목사는 이번에는 어깨로 너머로 두리번거렸다. 그는 누군가 대화를 엿들을 수 있다는 점을 두려워하는 것처럼 보였다. 그는 설명하였다. "여기의 신학교는 20년 이상 있었을지라도, 우리의 일자리는 안전하지 않습니다. 바로 이 순간에 페르디난트 대공은 이 나라를 가톨릭으로 개종시키려 하고 있기 때문입니다."

케플러가 인용하였다. "그의 땅이, 종교가 되게 하셨던 분께." 케플러는 이 인용문을 이해하였다. 만약 페르디난트 대공이 나라에서 모든 개신교 신앙인을 추방하려고 하였다면, 그렇게 할 수 있을 것이다. 그는 모든 문제에서 무소부재(無所不在)의 절대 권력을 가졌다. 종교에서조차도 말이다. 그것은 한 인물이 무엇을 믿고 싶었느냐의 문제가 아니다." 통치자가 백성에게 무엇을 믿게 할 것인가의 문제이다."

침머만 목사는 계속하였다. "그러나 우리의 관심은 당신이 학생들을 가르치는 교육을 담당하게 되었다는 것입니다. 우선 학교 관리 위원회는 당신을 인터뷰할 것이고 종교적 현안에 대하여 나에게 보고할 것입니다." 관구의 비서관인 스테펜 슈파이델이 임용심사위원회는 회의를 주재하면서 케플러에게 여행비로 60굴덴의 지급을 의결하였다.

그들은 연봉에 대하여 말할 때, 심각한 표정을 지었다. "우리는 당신을 정식으로 채용하기 전까지 두 달 동안 유예기간을 두고 싶습니다." 슈파이델이 말했다. 케플러는 갑자기 자신의 심장이 더 빨리 뛰는 것을 느꼈다. 만약 교수가 되는데 실패하면 해고될 것이고 불명예로 귀가조치가 취해질 수 있다. 자리를 채우기 위하여 튀빙겐에서 다른 학자를 소환할 것이다.

케플러는 1594년 5월 24일 첫 수업을 하였다. 오직 여섯 학생만이 수학 과목을 수강신청 하였다. 케플러는 수학수업에 대한 좋은 기억이 있다. 그러나 이것은 학생들을 도와주기보다는 어렵게 하였다. 그가 강의하자 끊임없이 샘솟는 새로운 아이디어가 떠올랐다. 문제를 칠판에 적기 시작하였다. 해야 할 다음 변화를 생각하였다. 그는 항상 새로운 생각으로 강의를 준비하였지만, 이것은 학생들을 오히려 부담스럽게 만들었다.

케플러는 좋은 교수가 되는데 낙담하였다. 매스틀린에게 보내는 편지에서 자신이 겪는 문제를 쏟아 부었다. "저는 마음만 바빴지 경솔하였습니다. 단도직입적으로 새로운 것을 시작하였습니다."

두 번째 학기가 되자 케플러는 수업에 들어갔다. 강의실이 비어있다는 것을 알았다. 학생들이 수학 과목을 수강신청 하지 않았다. 케플러는 침머만 목사에게 갔다. 어떻게 할지 몰랐다. 침머만 목사는 말했다. "우리는 수학자로서 당신의 능력에 만족하고 있습니다. 학생들이 수강신청을 하지 않은 것이 당신에 대한 비난의 화살이 될 수 없습니다. 어차피 수학은 모든 사람을 위한 고기는 아니니까요."

케플러는 다른 과목을 가르칠 것을 청원하였다. 침머만 목사는 승인하였다. 그는 케플러에게 논리학 수업을 배정하였다. 케플러는 학생들을 가르치는 교수이지만 더 중요한 업무는 국가 수학자의 업무였다. 그는 지리를 조사하고 무게와 측정의 진실성에 대한 논의를 보고하여야 하였다. 그는 국가 수학자의 직무상 귀족들의 궁정 사교모임에 자주 어울렸다. 그는 귀족모임을 통하여 귀족자제들의 조기 수학교육의 중요성을 역설하였다.

1595년이 되자 케플러는 달력제작으로 업무방향을 바꾸었다. 실제로 그는 그라츠에 도착하자마자 달력제작을 서둘렀다. 그는 공휴일과 종교일, 달의 경과, 일식 시간과 다른 하늘의 다른 전망을 구별하는 표시를 하였다. 어쨌든 사람들은 달력의 단순한 데이터로 천체에서 일어나는 많은 것을 기대하였다. 그들은 영업, 농경과 지역날씨에 관하여 조언을 구했다.

케플러는 의욕적으로 일했다. 그는 그들이 원하는 정보로 가득 채운 『점성력』을 썼다. 『점성력』은 라틴어를 읽을 수 없는 사람에게 많은 정보를 제공하였다. 대부분 사람은 과학에 대하여 몰랐기 때문이다. 『점성력』은 자연에 대한 설교를 포함하였다. 케플러는 창조자를 찬양하였고 하늘의 권능에 대하여 말했다.

교활한 부분은 『점성력』이 날씨와 정치적 사건에 관한 예측을 담는 것이었다. 여러 달을 앞서나가는 날씨예보는 어떻게 하지? 케플러는 매스틀린의 조언을 기억하였다. 항상 질병을 예견하라. 그는 그라츠의 고약한 겨울 날씨를 주목하였다. 이번 겨울은 지금까지 기록을 종합하고 분석하면 매우 추운 날씨가 될 것이다. 정치적 예측으로는 튀빙겐에서 그라츠로 오는 여행 동안에 주워들은 소문의 퍼즐을 한군데 모았다. 그는 터키와의 마찰을 예측하였다. 케플러는 토정비결 문체로 문장을 가다듬었다.

올해는 터키 군대로부터 한번 침공이 있을 것이다.
경계를 늦추지 말라. 빈이여! 요새를 보살필지어다!
춘삼월에 남쪽으로 가면 귀인을 만날 것이다.

케플러의 기록은 믿을 수 없게도 맞아 들어갔다! 사람들의 기억에서 가장 추운 겨울이 땅을 지배했다. 여행객들은 산에서 동사(凍死)하였다. 많은 사람의 믿음이 기록에서 사실로 변했다. 사람들은 추위에서 무감각해져서 집에 돌아온 농부들에 관하여 말했다. 그들이 코를 불었더니, 코가 떨어져 나갔다. 무엇보다 1월에 터키에 대한 예언이 적중하였다. 터키는 오스트리아를 공격하였다. 그들은 빈에서 노이슈타트까지 전 국토를 초토화시켰다. 그들은 방화하고 약탈하였다. 그라츠의 시민들은 달력제작의 장인으로 케플러를 지목하였다. 귀족들은 공휴일 축제에 그를 초대하여 별점을 쳐달라고 부탁하였다.

침머만 목사는 사무실로 케플러를 불렀다. 그는 말했다. "축하하네! 그라츠의 모든 시민이 자네의 『점성력』의 성공에 대하여 떠들썩하네." "감사합니다." 케플러가 말했다. 그는 자신의 예측이 왜 압도직인 놀라움으로 완벽하게 성공하였는지에 대하여 목구멍까지 나오려는 말을 가까스로 저지하였다. 침머만 목사는 말했다. "학교는 자네가 적는 달력업무에 대하여 20굴덴의 보너스를 주는 것이 기쁘네. 중요한 것은, 신학교의 의장단은 자네에게 정규교수직을 제공할 것을 위임하였다네. 봉급은 150굴덴일 것이네."

케플러는 매스틀린에게 편지를 날렸다. 그는 자신의 행운에 관하여 후끈 달아올랐다. 그러나 그는 점성술의 정확성에 관한 어떠한 환상도 하지 않았다. "점성술에 관한 모든 지식에서", 그는 썼다. "저는 어떤 특별한 것을 자신 있게 예측하고, 무엇이 확실한지도 잘 몰랐습니다. 점성술은 천문학의 바보 같은 작은 딸입니다."

지금 케플러는 신학교에서 교수로 발령을 받았다. 다른 교수들도 자신을 튀빙겐대 학생이 아니라 교수로 동등하게 대해 주었다. 오시우스는 동료 가운데 가장 좋은 친구가 되었다. 오시우스는 말했다. "확실히 자네는 점성술을 전적으로 거부하지 않군." 케플러는 얼굴에 망설이는 표정이 역력하였다. "성경에서 우리는 하늘의 조짐을 어떤 방식에서든 두려워할 필요가 없다고 말했지.[3] 우리는 예언자가 말하는 부분을 읽을 수 있다. '하늘의 조짐을 두려워하지 말라. 이교도들은 그것을 두려워하기 때문이다.'"

친구는 반론을 제시하였다. "별들은 해, 달, 날을 말하기 위하여 떠있을 뿐만 아니라, 우리에게 조짐일 수 있는 것을 말해 주기 위하여 창조되었다."[4] 케플러는 보조를 맞추었다. "성경에는 자네나 나나 최고의 성경학자들까지도 충분하게 이해하지 못하는 부분이 많이 있지. 하지만 점성술은 일고의 연구의 가치도 없는 가혹한 미신일지도 몰라."

오시우스는 선풍적인 인기를 끌고 있는 작가가 하는 말에 자신의 귀를 믿을 수 없었다. "동물과 식물은 인간을 위하여 창

---

3 예레미아 10장.
4 창세기 1절.

조되었다. 자네는 천체가 아무런 의도 없이 창조되었다고 믿나?" "무슨 의도?" 케플러가 물었다. "나는 많은 사람이 믿는 점성술이 단지 위험한 미신이라는 점을 걱정해. 그것은 참된 과학인 천문학 같지 않아." "자네는 어떻게 자네의 성공적인 예측을 설명하니?" 오시우스가 물었다.

케플러가 설명하였다. "성공적인 예측은 약간의 실패를 잊게 하지. 문제 해결책은 맞느냐 틀리냐의 하나라는 것은 틀림없다." 케플러는 갑자기 점성술의 정확성을 검증하는 길을 떠올렸다. "정보의 밑바닥까지 사실을 붙잡는 유일한 길은 기록의 신뢰성을 유지하는 것이다. 나는 일기와 예견의 모든 리스트를 적기 시작할 것이다. 나는 이 기록을 근거로 나중에 그들이 실제 일어나는 것에 어떤 예측 성공률을 지녔는지를 검증할 수 있다." 케플러는 오랜 기간의 점성술의 정확성을 조사한 첫 번째 과학자였다. 그는 점성술 기록에 대한 신뢰가 위험한 업무일 수 있다는 점을 보여주었다. "점성술에 너무 의존하지 말게." 케플러가 경고하였다. "하늘은 강한 자를 너 상하세 할 수도 없고, 약한 자를 더 약하게 도울 수도 없다. 어느 누구라도 자기 자신을 조언과 용기로 강화하는 자는 하늘이 그의 편에 선다."

학생들은 다시 수학과 천문학 강의를 수강하기 시작하였다. 케플러는 보통 때와는 달리 하나님의 마음과 천문학에 대하여 강의하였다. 여러 날 동안 그는 균등하지 않은 거리에 서로 분리되어있는 여섯 행성의 존재 이유에 대하여 생각하였다. 그것은 월(月)화(火)수(水)목(木)금(金)토(土)일(日)이 있는지의 물음이었다. 왜, 행성들은 그러그러한 장소에 자리를 잡고 서 있나? 왜, 월 화

수 목 금 토 여섯 행성이냐? 20개나 100개가 아닌가? 케플러는 하나님이 계획 없이 창조한 것은 아무도 없다고 믿었다.

집중시간은 사람을 지치게 만든다. 그는 충혈된 눈으로 계산한 메모를 갈피갈피 지웠다. 역겨워서 종이를 휴지통에 내던졌다. 만약 한 패턴이 존재하였다면 좋겠다. 그것을 발견할 수 없었다. 그는 수업시간에 발견하려다가 실패하였던 생각을 떠올렸다. 1595년 7월 19일 칠판에 한 원을 그렸다. 이 원에 한 정삼각형이 내접하도록 하였다. 정삼각형의 꼭짓점이 원둘레에 와 닿았다. 또 정삼각형 안에 또 다른 작은 원을 내접시켰다. 이 원은 곧 정삼각형 측면의 중점에 와 닿아 자리잡고 있다.

그는 작은 원의 반지름이 큰 원의 반지름의 절반이 되도록 소묘하였다. 그는 분필을 잡고 움직이지 않고 골몰하며 칠판의 도형을 뚫어지게 바라보았다. 평상시와 같이 강의 중간쯤에 놀라운 아이디어가 터져 나왔다. 케플러는 그 중요성을 의심할 수 없을 수 없어서 숨이 막힐 지경이었다. 양 원의 간격이 토성과 목성 사이에 떨어진 거리 간격과 거의 같을 것이다!

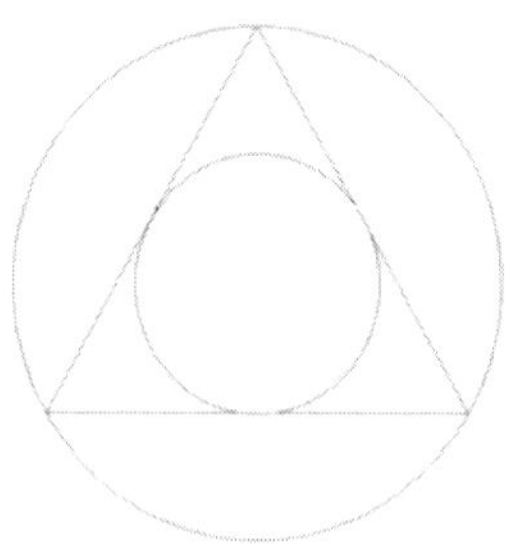

칠판그림

그는 토성과 목성 사이에 정삼각형, 화성과 목성 사이에 정사각형, 지구와 화성 사이에 정오각형, 금성과 지구 사이에 정육각형을 기초가 되는 도형으로 삽입하였다. 그리고 이들이 서로 적합하게 입체로 꽉 채워질 수 있는지를 시험하였다. 태양 중심의 최근 위치의 순서대로 수성 금성 지구 화성 목성 토성 여섯 행성을 원안에 안착시켰다. 기뻤다. "맞다. 이 도형이 여섯 행성의 배열 간격을 보여주는 것이 틀림없어." 케플러는 중얼거렸다. "행성 배열의 위치는 기하학적 도형에 의하여 주어진 것이 틀림없어." 그는 칠판에 단순한 도형을 그린 것은 아니다. "궤도에 적합하기 위하여 왜 2차원 공간에서 찾아야 하나?" 그는 자문자답(自問自答)하였다. "대신에, 길이, 넓이, 부피를 갖는 3차원 공간에서 찾자."

케플러는 유클리드가 다섯 정면 체만이 존재한다는 증명을 하였다는 것을 알고 있었다. 그것은 수학적 사실이었다. 다섯 정다면체는 주사위, 사면체, 팔면 체, 십이 면체, 이십 면체이다. 그는 다섯 다면체만이 여섯 행성을 분리할 것이라는 점을 대담하게 생각하였다. 그것이 우연의 일치일 수 있을까? "그것은 틀림없을 것이다." 케플러는 사신 있게 말했다. "수 금 지 화 목 토에 태양과 달, 곧, 일월(日月)을 더하면 일 월 화 수 목 금 토 가 나온다. 엿세만에 하루를 쉬었다는 「성경」의 기록과도 일치한다." 마치 우주 창조 비밀을 전부 알아낸 것처럼 기뻤다. "그것은 추측하기에 충분하지 않다. 내가 좀 더 자세히 알아보아야 한다."

강의에 참여한 수강생들을 서로를 쳐다보았다. 그들은 조용하게 강의실을 뒤꿈치를 올려 걸어 나갔다. 무언중에 경험이 그들을 가르쳤다. 강의는 무의미하다. 그가 했던 위대한 발견은 이것이다. 그는 정다면체를 취하고 그들을 서로서로 알맞은 자리에 안착시켰다. 그가 떠올린 올바른 태양계 모델은 코페르니쿠스 모델과 현실적으로 일치할 수 있었다. 그는 코페르니쿠스가 고대 그리스 관찰을 이용했다는 사실에서 계산이 무엇인지를 알아차렸다. 이들의 관찰은 케플러가 알았던 대로 오류투성이였다. 그는 깊은 생각에 잠겨 벤 섬에 있는 브라헤를 떠올렸다. 그는 행성 위치에 대한 최신자료와 최첨단 관측장비를 갖고 있다.

케플러는 다섯 도형을 그의 설계에 따라 안착시켰다. 놀랍다! 행성체계의 수학적 모델은 코페르니쿠스의 계산모델에 정확히 일치하였다. 이것은 한 권의 책으로 쓸 수 있을 것이다! 케플러는 자신의 손으로 아이디어를 적었다. 그는 한 친구에게 이야기하였다. "이것은 놀랍군. 내가 철저히 조사하여 보았을 때, 동서남북(東西南北), 좌우상하(左右相下)가 빈틈없이 맞아떨어지고 있어. 팔방미인이군! 지금 나는 잃어버린 시간을 후회하지 않네. 나는 내 작업에 더 이상 피곤하지 않네. 나는 밤낮으로 계산으로 시간을 보냈네." 케플러는 디자인을 가시적으로 보여주기 위하여 지구를 중심으로 토성, 목성, 화성, 금성 수성의 다섯 고체 사이에 궤도를 도해한 종이 모델을 만들었다. 자르고, 붙이고, 측정하고, 표시하였다. 그것은 여러 날 걸렸다. 그것을 끝냈다! 왜? 아주 예쁘다. 보이는 궤도의 가장 바깥의 토성에서 목성과 화성을 거쳐서 중간에 지구를 놓고, 지구 내부로는 금성과 수성을 서로 다른 색깔로 그려놓은 종이 모델이 등장하였다.

토성과 목성 사이에 육면체가 끼어있다.
목성과 화성 사이에 사면체가 끼어있다.
화성과 지구 사이에 십이 면체가 끼어있다.
지구와 금성 사이에 이십 면체가 끼어있다.
금성과 수성 사이에 팔면체가 끼어있다.

케플러는 행동으로 옮겼다. "나는 피타고라스를 넘어서는 작품을 쓰리라." 그는 유클리드와 플라톤의 책, 코페르니쿠스의 천체 도식으로부터 진술, 매스틀린의 강의 노트로부터 짜깁기하였다. 케플러는 자신 생각을 적은 필사본을 「우주 지리의 비밀」이라고 불렀다. 그것이 『우주의 비밀』이다. 그는 성경 구절을 인용하였다. 그는 책의 마지막 페이지에 창조자를 위한 찬송의 노래로 끝맺었다.

주님께서 손수 만드신 저 큰 하늘과 주님께서
친히 달아놓으신 저 달과 별들을 내가 봅니다.
사람이 무엇이기에 주님께서 이렇게까지 생각하여
주시며 사람의 아들이 무엇이기에 주님께서
이렇게 돌보아 주십니까?[5]

5 시편 8장.

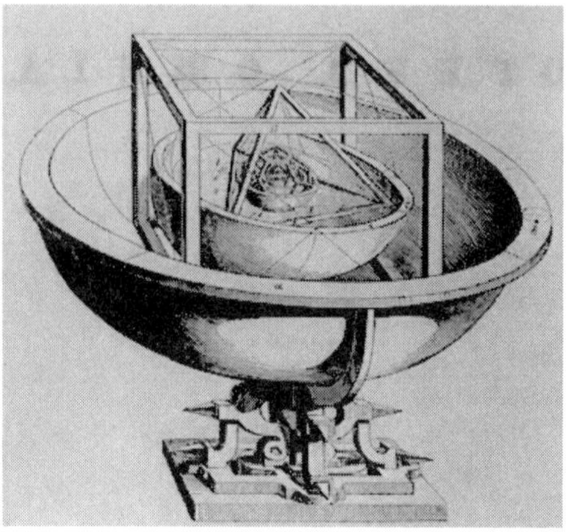

케플러의 『우주의 비밀』의 모델

케플러는 오시우스에게 사본을 빨리 읽을 것을 재촉하였다. 그러나 오시우스는 뜸을 들이며 결코 첫 장을 넘기지 않았다. "여기 봐라" 오시우스는 말했다. "자네는 코페르니쿠스가 옳았다는 전제로 시작한다. 이것은 결코 그럴 수 없을 것이다." "나는 이 책을 출간할 의도가 있다. 만약 학자들이 내가 왜 코페르니쿠스 이론이 사실임을 밝히는 글을 읽으면, 그들은 그것이 어떤 의미를 지닌지 알게 될 것이다." 오시우스는 조심스럽게 물었다. "누가 자네 책을 출간해 준다던?"

케플러는 필사본을 불확실하게 움켜잡았다. 그는 책 출간을 위하여 무엇을 어떻게 해야 하는지 너무나도 막막하였다. 어떤 아이디어도 없었다. 어떻게 하여야 『우주의 비밀』을 세상에 알릴 수 있을 것인가? 케플러는 가벼운 휘파람을 불었다. 그의 휘파람 소리는 2000년을 잠들고 있던 피타고라스 천구의 두께를 찢고 있었다.

7. 『우주의 비밀』과 결혼

케플러는 『우주의 비밀』 1장에서 코페르니쿠스의 태양 중심체계를 지지하는 이유와 정다면체가설의 타당성을 설명하였다. 2장은 코페르니쿠스 가설이 사실이어야 할 필요성을 역설하였다. 3장은 어떻게 여섯 행성, 배열되는지 건전성을 해명하였다. 나머지 원고는 순식간에 완성하였나. 그는 원고를 어떻게 책으로 출간할 것인지를 고민하였다.

그러나 정다면체가설의 증명보나 너 불타는 청춘남녀(青春男女)의 문제가 발생하였다. 사랑에 빠졌다! 정다면체 우주의 외행성은 남자이고 내행성은 여자이다. 남녀는 서로가 만나서 껴안아야 안정감을 찾는다. 태양 중심체계에서 남녀는 서로 만나 사랑하며 살아야 잘 돌아간다.

케플러의 눈길을 사로잡았던 여인은 바바라 뮐렉이다.[1] 바바라 뮐렉은 남편이 죽으면서 그녀에게 물려준 대학교회 근처의 집에서 살고있는 젊은 미망인이다. 그녀는 조용한 외모와 출중한 미모로 여러 사람의 주목을 받았다. 그녀는 그라츠 신학교의 대학교회에 출석하였다. 학생들은 대학교회에 의무적으로 출석하였다. 지역 거주민에게도 대학교회 출석이 허용되었다. 마침 오시우스는 대학교회의 부제가 되기 위하여 신학교 교수직을 사임하였다.

케플러는 오시우스에게 그녀에 관하여 꼬치꼬치 캐묻기 시작하였다. 오시우스 목사는 말했다. "바바라 뮐렉? 그녀는 욥스트 뮐러의 딸이다. 그는 심술 굳고 변덕스러운 장사꾼으로 그라츠에서 매우 유명한 방앗간을 운영한다. 그는 바바라의 두 번째 남편이 죽자마자 이번에도 돈 많은 늙은이에게 삼혼을 시키려 한다. "넌 나에게 바바라 부인을 소개해줄 수 있겠나?" 케플러는 물었다. "난 그녀를 매주 마다 먼발치에서 보는 것이 가슴이 아리다. "아하! 벌써 콩깍지가 낀 모양이구나." 오시우스 목사가 말했다. "아름다운 여자가 자네의 상상력을 붙들어 맸다면, 대단한 사건이지. 자넨 『우주의 비밀』을 출간할 계획조차 잊었구나. 내가 대학교회의 부제가 되었을 때 서원한 것이 하나 있지. 우리 교회 교인이 뚜쟁이가 되지 말 것을 의무로 경고하였던 것이네!"

바바라는 7년 동안에 두 번이나 과부가 되었다. 이번에 세 번째로 결혼 시장에 나왔다. 그녀의 아버지는 이전과 같이 40년 이상 차이나는 돈 많은 늙은이에게 딸을 결혼시키기로 주선하

---

1 바바라 뮐렉(B.Muelleck,1572-1610)은 케플러의 첫 번째 아내이다.

였다. 오늘은 대학교회 창립기념 예배를 드리는 날이다. 설교단 앞쪽에는 교수석이 마련되었다. 그녀는 검은 머리, 다정한 눈과 깔끔하게 단장한 수염을 기른 젊은 교수를 눈여겨보았다.

예배가 끝나자 기념 강연은 물론 다과회까지 준비되었다. 곳곳마다 성황을 이루었다. 바바라 아버지는 혼담을 추진하기 위하여 별도의 자리를 마련하여 앉았다. 그녀는 애써 그 자리를 회피하여 식사하였다. 그녀는 자신을 위하여 과일과 다과를 날라주는 젊은 신학교 교수가 마음에 들었다. 특히 식사시간에는 음료수도 날라주는 서비스를 하였다. 그 점이 더할 나위 없이 고마웠다. 어느덧 창립기념 예배도 끝나고 마차에 올라 집으로 돌아가려 하였다.

케플러가 그녀에게 다가가서 일찍 귀가하지 않으면 이야기나 나누자고 하였다. 오시우스 목사의 설교가 이들 사이의 데이트를 강화하는 계기가 되었다. 오시우스 목사는 대학교회의 외부 참석자와 대학교회 내부 참석자와의 친교를 강조하였다. 친교란 곧 코이노니아 라는 그리스어에서 온 것으로 믿는 사람들 끼리에서 일어나는 많은 것들을 포함하였다. 두 사람은 종종 대학교회 뒷 골목길 벤치에서 서로의 만남을 즐겼다. 그들은 몇 주 만에 결혼을 결심하였다. 하지만 그 계획을 실천하기는 쉽지 않았다. "저는 아버지의 허락이 없이는 결혼할 수 없어요." 바바라가 가늘게 떨리는 목소리로 말했다. 그녀의 얼굴은 아버지가 결혼을 승낙하지 않을 것이라는 두려움을 역력하게 드러냈다.

케플러는 직접행동으로 나섰다. 그라츠 외부에 물레방아와 방앗간이 있는 뮐러의 사유지 성(城)을 방문하였다. 뮐러는 케플러를 몰래 뒷조사를 하였다. 욥스트 뮐러는 가난한 신학교 교수와 대화하는 것조차 거부하였다. 그는 케플러를 단호한 표정으로 돌려세우고 성문을 닫았다. 그는 젊은 신학교 교수가 불만족스러웠다. 케플러는 돈이 없다. 케플러는 실망 가운데 대학교회로 돌아왔다.

"욥스트는 나에게 어찌 그렇게 대할 수 있단 말인가?" 케플러는 가망이 없는 목소리로 되뇌었다. 오시우스 목사는 설명하였다. "자네는 봉급으로 150굴덴만 번다. 욥스트 뮐러는 사람의 가치를 돈과 재산으로 보는 사람이다. 너는 어느 것도 갖고 있지 않다. 그러나 그는 부자이다." "내 달력은 잘 받았는데." 케플러가 말했다. "욥스트는 물을 것이다. 배고픈 사람에게는 무엇이 선지식이냐? 학문적 업적은 돈만 아는 남자에게는 아무런 의미가 없어."

케플러는 비장한 목소리로 말했다. "이 세상에서 학문의 길을 가는 사람에게 물질적 지원으로 뒷바라지하는 사람도 있어야 한다." 오시우스 목사가 말했다. "욥스트는 딸에 대하여 확실하고도 안전한 미래의 보장을 원한다. 그녀의 전남편들은 모두 그녀를 위하여 유산을 남겨주었다. 새 남편감은 그녀의 전 남편들에서 물려받은 사유지를 경영하여 재산을 늘릴 수 있어야 한다." 케플러는 밝아졌다. "내가 처음에 생각했던 만큼 그렇게 비관적인 것은 아니다. 확실히 자네는 내가 그녀 딸의 사유지의 재산을 수학자로서 잘 관리할 수 있다는 점을 욥스트에게 확신시킬 수 있을 테니 말이다." 오시우스 목사는 말했다.

"그는 오직 돈만 안다. 그러나 네가 하도 나를 조르기 때문에, 우리의 친구 의사 오버도르터 박사에게 물어볼 것이다. 우리는 자네의 경우를 위하여 줄을 댈 것이고 욥스트 뮐러에게 내 말을 따르도록 설교를 할 것이다. 문제는 우리가 그의 마음을 붙잡기 까지 여러 달이 걸릴 수 있다는 것이다." "그동안 나는 무엇을 할 것인가?" 케플러가 외쳤다. "참을성 있게 기다리게!" 오시우스 목사가 충고하였다.

케플러는 1596년 2월 초 어머니로부터 한 통의 편지를 받았다. 카타리나는 썼다. "우리는 매스틀린 교수님으로부터 그라츠에 있는 너의 소식을 들었다. 너의 외할아버지와 친할아버지께서는 당신들의 삶이 다하기 전에 자랑스러운 손자를 만나고 싶어 하신다. 나는 제발트 할아버지가 아플까 두렵다. 아마도 오래 사시지 못할 같다. 너무 늦기 전에 와서 할아버지를 뵙고 인사드려라."

"예", 오시우스 목사는 생각에 잠겨 말했다. "정확하게 뷔템베르크 여행은 이 시간에 필요한 것일지도 모르네. 욥스트는 그가 생각하는 인물이 그렇게도 낮은 직급에 형편없는 봉급을 받는다는 점에서 딸을 맡기기에 마음이 썩 내키지 않고 있다네. 자네를 사위로 받아들이기를 주저하는 것은 자네의 사회적 지위 때문일 수도 있어. 하지만 자네가 이 기회에 슈투트가르트로 가서 뷔템베르크 대공을 만나고 『우주의 비밀』까지 출간하게 된다면, 욥스트 뮬러 같은 인물에게는 상당한 의미를 던질 것 같아." "나는 이 문제가 해결되기 전까지 바바라를 두고 떠나는 것이 걱정이다." 케플러가 말했다. 오시우스는 케플러의 염려를 달랬다. "나는 두 달 이내에 욥스트가 바바라를 위하여 자네의 청혼을 받아들일 것이라고 믿네. 나는 자네가 없는 동안에 일이 어떻게 되어 가는지 편지로 알려줌세."

그는 일어섰다. 의기충천하였다지만 바바라를 향하여 불타오르는 가슴에 어쩔 줄 몰랐다. 어쨌든 그는 이번 고향 여행에서 일석삼조(一石三鳥)를 얻으려 하였다. 첫째는 할아버지 임종을 지켜드리고 외할아버지를 장례를 치르는 일이고, 둘째는 『우주의 비밀』이 출간의 열매를 맺는 일이고, 셋째는 바바라와 결혼에 골인하는 일이다.

그는 겨울이 가기 전에 여행을 서둘렀다. 우선 조부모님을 뵙기 위하여 바일데어슈타트에 들렀다. 말을 타고 시내로 들어서자, 그의 얼굴에는 태양 가득한 따스한 빛이 넘쳤다. 케플러의 집은 옛 모습 그대로 시내 광장 입구에서부터 눈에 확 들어왔다. 그가 탄 말이 가파르게 경사진 지붕과 작은 창문들이 난 인형 같은 집 앞에 섰다. 이날은 시장 날이 아니었다. 하지만 이전에 잘 알았던 장터의 익숙한 소리가 옛 장소에 걸려있는 것 같았다. 그것은 어린 시절의 모든 기억을 불러일으켰다. 그는 말에서 뛰어내려 곧바로 대문으로 달려가 문을 열어젖혔다.

카타리나가 음식을 장만하다가 행복한 미소로 아들을 맞았다. 어머니의 미소는 아들의 날카로운 얼굴을 부드럽게 하였다. 그녀는 아들을 꼭 껴안았다. "엄마, 할아버지는 어디 계셔?" 그가 물었다. "이층 침대에 계셔." 그녀가 설명하였다. "할아버님은 몸을 일으키실 수 없어." "애야! 귀에 익숙한 할아버지 목소리가 들렸다. "케플러를 내방에 올려 보내라." 할아버지 제발트는 이전보다 작아졌고, 움츠러들었다. 한때 장려하였던 그의 머리 갈기는 대오에서 벗어났다, 드믄 머리 타래는 벗어진 대머리로 흩어졌다. 그는 할아버지가 일어서는 것을 부축하기 위하여 팔을 뻗쳤다. 할아버지는 부축을 거절하였다. 그는 스스로 일어났고 침대의 가장자리에 앉았다. 그의 얼굴은 창백하였고, 손은 떨렸다.

지금 케플러는 할아버지의 임종이 얼마나 가까이 왔는지 알 수 있었다. 어둡고, 창백한 얼굴에 가라앉은 머리털에서도 그의 눈은 광휘의 위엄을 여전히 잃지 않았다. 할아버지는 영웅적 노력으로 손자의 발 앞에 섰다. 그는 케플러를 안기에 충분히 가까운 자리에서 손자를 자세히 응시하였다. 그리고 손자를 껴안았다. 그는 흔들거렸고 다시 침대에 몸을 눕혔다. "와 주어서 고맙다." 제발트는 말했다. "나는 케플러 가문에 이름을 드높인 손자의 얼굴을 볼 시간을 달라고 주님께 마지막 기도를 드렸다." 할아버지 케플러는 손자에게 어떤 기도도 속이지 않고 떨린 목소리로 말했다.

케플러의 동생 크리스토퍼도 형의 도착 소식을 들었다. 그는 백랍으로 기운 가죽 앞치마를 두른 채 방으로 성큼 걸어 들어왔다. 그것은 금속 용해 직업에서 피부를 보호하는 덮세였다. "우리 형이 유명한 달력 제작자가 되어 집으로 왔네." 크리스토퍼가 말했다. 케플러가 칭찬을 맞받았다. "이게 뭐야, 내가 널 보네. 어머니가 나에게 넌 바일의 백랍제작 장인이 가장 좋아하는 학생이라고 편지하였더라." 크리스토퍼는 활짝 웃었다. "난 백랍을 제작해. 형은 하늘을 스스로 디자인하냐?" 디자인이라는 단어는 케플러에게 우주 모델 설계를 기억나게 하였다.

"와서 이것 보아라." 그가 말했다. 그는 『우주의 비밀』 필사본 보따리를 풀어놓았다. "이것으로 금속모델을 만들 수 있냐?" 크리스토퍼는 페이지를 들쳤다. 그가 펼쳤을 때, 탁탁 소리가 났다. 그는 손가락으로 복잡한 디자인을 짚어가며 독수리의 눈초리로 추적하였다. "이것은 아름답군." 그가 말했다. 그는 가볍게 휘파람을 불었다. "맞아. 이것을 만들면 작품이 될 수 있어. 백랍으로 주물을 넣기에는 조금 복잡해 보인다. 하지만 비싼 금속 주물에 넣을 충분한 가치가 있다." 크리스토퍼는 채색된 도형을 말아 올리고 케플러에게 넘겼다. "오직 한 사람만 그것을 할 수 있는 부와 예술가들을 갖고 계셔. 뷔템베르크 대공이시다. 대공께서는 시계, 컴퍼스, 음악 도구의 사물을 수집하시지. 이 패턴에서 만들어진 황금 술잔이 대공 폐하의 골동품 수집목록에 첨가되리라는 것은 내가 확실히 보장할 수 있지." "나는 대학에서 그것을 좀 더 알아볼게." 케플러가 확실하게 말하였다.

케플러는 바일데어슈타트의 방문 이후에 어머니를 모시고 외할아버지 멜히오르 굴덴만에게 존경을 표하기 위하여 엘팅겐으로 갔다.

그날 저녁에는 희랍어 학자 쿠루시우스 교수가 튀빙겐대학 본부에서 케플러를 위한 연회석을 마련하였다. 케플러가 학교의 영예를 드 높인데 대하여 매스틀린과 하펜레페도 앞장서서 주선하였다. 동창들도 연회석에 초대를 받았다.

그들은 교수들과 함께 케플러 책의 출간계획에 대하여 떠들썩하게 대화를 나누었다. "저는 가능한 책을 빨리 출간하고 싶습니다. 케플러가 말했다. "뭔가 비밀스러운 것을 알고 싶어 하는 분들이 계십니다. 저는 대자연 속에 감추어진 것 아니 감추어졌던 하나님의 의도를 파헤쳤습니다. 저는 책 저술에서 출판업자에게 필사본을 넘기기까지의 과정에 대하여 경험이 없는 문외한입니다." 그는 테이블 둘레를 둘러보면서 설득하였다. "저는 이 책을 성공적으로 출간하는데 가능한 여러 교수님과 선후배 동창생 여러분께 자문과 협조를 간청합니다."

매스틀린이 설명하였다. "내가 이 책을 철저히 검토하겠네. 이전에 자네의 학부 논문은 출판유보에서 출판 불가 판정을 받은 적이 있지. 하지만 이번에는 대학 평의회에 나의 솔직한 견해를 표명하겠네. 만약 그들이 자네 책을 승인하면, 나는 그것을 출판업자에게 보여줄 것이네." 매스틀린은 학생신분에서 교수가 되어 온 케플러에게 예의를 갖추어 말했다. 케플러가 안도의 한숨을 쉬며 말했다. "감사합니다." 그가 말했다. 그는 매스틀린이 책의 출간을 승인하는 평가를 하리라는 점은 추호의 의심도 하지 않았다.

하펜레퍼는 갑자기 도표에 접혀 봉인된 원고 뭉치에 손을 뻗치면서 말했나. "참, 거의 잊고 있었다." 그가 말했다. "오늘 한 통의 편지가 대학본부에 도착하여 살펴보니 자네에게 온 것이었네." 케플러는 떨리는 손으로 그 편지를 받았다. 그는 봉투를 열고 편지를 펼쳤다. "이것은 그라츠신학교 교장 파비우스 교수에게서 온 편지입니다."

욥스트 뮐러는 마음이 누그러졌다. 청혼을 수락하였다.

나는 울름에 들러 좋은 비단옷을 쫙 빼입고 서둘러
돌아올 것을 권면한다. 그 의복은 너 자신과
신부를 위하여 완벽하게 준비된 결혼 예복이어야 한다.

케플러는 곧장 연회석 테이블을 들러보며 방금 들어온 뉴스를 공표하였다. "지방방송은 꺼주십시오. 저는 다음번 고향 방문에는 반려자를 데려오겠습니다." 하펜레퍼가 말했다. "이곳은 자네 예비 장인의 결혼 승낙을 축하하는 파티이구나." 며칠 후에 매스틀린이 『우주의 비밀』에 대한 합격판정을 내렸다. 그는 대학 평의회에 평가를 적어서 올렸다. "케플러는 이 소책자를 썼습니다. 그는 아주 박식하고 영리한 학자입니다. 이 책은 출간되어 널리 이 시대 교양인이 읽혀야 할 충분한 가치가 있습니다." 그는 책 내용을 개선하기 위한 한 가지 제안을 더했다. "케플러는 자신의 발견을 좀더 명료하고 대중적 문체로 서술해줄 것을 충고합니다. 아마도 그가 서문에 코페르니쿠스 가설을 보다 잘 설명하기 위한 것이라고 썼다면 금상첨화(錦上添花)일 것입니다."

케플러는 매스틀린과 함께 사본을 들고 페이지마다 샅샅이 훑어나갔다. 대부분 과학자는 어떻게 그들이 과학적 발견에 도달하였는지를 설명하지 않는다. 케플러는 동의할 수 없었다. 그가 말했다. "마음에서 어떤 발견이 일어나게 된 것인지를 보여주는 것은 그 자체로서 놀랄만한 가치가 있는 일입니다." 그는 과학적 발견을 설명하였을 뿐 아니라, 잘못된 출발과 장님과의 만남의 길을 포함하여서 어떻게 그렇게 되었는지를 설명하였다.

하펜레퍼도 매스틀린의 원고검토에 가세하였다. 그는 코페르니쿠스 이론을 받아들일 수 없었다. 그는 방을 이리저리 돌아다녔다. 의심의 선분들이 그의 얼굴을 가득 채웠다. 방안을 걸어 다닐 때, 촛불이 깜박거렸다. 그가 말했다. "나는 코페르니쿠스 이론이 놀랍게도 상상적이고 학문적이라고 인정하네. 그러나 그의 이론이 『성경』과 갈등을 일으킨다는 점을 고백하여야 하네."

케플러가 말했다. "저희는 태양의 존재 목적이 지구에 열을 제공하는 것이라는 것을 압니다. 교수님께서는, 저 바보 같은 시계초침이 돼지 둘레로 공전하듯이, 하나님께서 뭇 행성들이 태양 둘레로 공전하도록 군불 때고 계시기를 기대하십니까!"

하펜레퍼도 학문적 반론을 폈다. "하나님께서 방 한가운데 등불처럼 우주 중앙에 태양을 걸어놓기라도 하셨다는 말이냐?" 케플러는 하펜레퍼를 진정시켰다. "저는 『성경』에 위배되는 것은 아무도 쓰지 않을 것을 약속드립니다. 저에게 그보다 더 귀중한 것은 없습니다. 시편 기자 다윗왕은 참된 종으로서 참된 하나님의 하늘을 연구하였습니다. 하늘은 그가 쓴 많은 노래에 영감을 주었습니다.

"하늘은 하나님의 영광을 선언한다."[2]

---

2 시편 19장 1절.

하펜레퍼는 케플러에게 호소하였다. “네 형제의 사랑의 충고를 귀담아 들어라. 네가 비록 옳다 할지라도, 네 책의 어떤 구절은 기독교인들 가운데 불일치의 씨앗을 키울 것이다.” 케플러가 물었다. “서문에 대하여 이의를 제기하시는 것입니까?” “아니네.” 하펜레퍼는 말했다. “서문은 모두 괜찮아. 자넨 거기서 단순히 코페르니쿠스 신념을 요약하였지. 그러나 5장에서 그가 옳다는 것을 보여주기 위하여 『성경』을 인용하였네. 나는 이것이 분쟁을 야기할 것 같다는 생각이 든다네. 하나님의 교회에서는 어떤 말은 은혜가 되지만 어떤말은 많은 분란을 가져오기도 하지.”

케플러는 사본을 훑어보았다. 공격적인 구절을 죄다 뺐다. 그는 원고를 살피다가 ’심사자의 해석‘이라는 문구를 발견하였다. 심사자는 성스러운 말씀이 『성경』인데도, 자연의 책과 『성경』을 구분하지 못하였다. 자기는 신분 의회 대표단에게 이 책을 ‘멋진 교양서’로 쓰겠다고 약속한 것인데, 심사자는 ‘박사들의 작품(opus doctorum)’으로 보았다. 그는 doctus라는 형용사를 박사라고 본 모양인데 아주 틀린 것은 아니다. 하지만 박사 출신인 신분 의회 귀족들은 없었다. 더군다나 자신은 딱 한 번의 헌정사만 썼는데 심사자는 본문에 4번의 헌정사가 나온다고 얼토당토치도 않게 평가하였다. 그는 드라마 같은 제스쳐로 페이지를 접었다. 뭘 몰라도 한참 오르게 적은 심사자의 아둔한 평가서를 곁에 밀쳐 놓았다.

“천문학은 그리스도인을 위하여 어떤 하찮은 것일지라도 가볍게 여겨서는 안 되는 필요하고도 충분한 지식은 아니다.” 그가 말했다. 그들이 사본을 갖고 작업하였을 때, 연구실은 여러 날 밤늦도록 촛불이 탔다. 매스틀린이 의자에서 일어섰고 어깨 뒤로 팔을 젖혔었다. 그는 눈을 비볐고, 사본을 비판적으로 훑어보았다. "다 준비되었다." 그가 말했다. "나는 내일 대학의 평의회에 평가서를 제출하겠다." 케플러는 결정을 기다렸다. 코페르니쿠스 이론은 학자들 사이에서 핵심 이슈였다. 그들이 『우주의 비밀』의 출간에 동의할 것인가? 전체 대학 평의회는 매스틀린 의견에 동의하였다. 그들은 『우주의 비밀』의 출판을 후원하기 위하여 투표하였다. 하나도 반대표가 나오지 않았다! 매스틀린은 주의를 주었다. "출간하는 길은 가시밭길이다. 출판업자, 그루펜바하씨는 많은 질문을 할 것이다. 튀빙겐에 좀 더 머물러야 한다. 그래야 우리가 자네와 삽화, 출판 그리고 제본에 관하여 상의할 수 있다."

케플러는 대공이 자신의 교육비를 대주었기 때문에 사은의 감사를 위하여 대공을 방문하였다. 그는 튀빙겐과 가까운 거리의 슈투드가르트로 갔다. 대공은 케플러를 따뜻하게 환대하였다. 대공은 골동품 금고를 열었다. 그는 새로운 것들을 보여주는 많은 값비싼 장난감을 진열하였다. 그중 진주 도형으로 정식한 화장실 의자는 음악이 흘러나오는 음악상사였다. 어떤 것은 잘쯔부르크의 소금광산의 활동을 기계적으로 구현한 시계도 있었다. 여러 가지 아스트롤라베는 달의 경과와 별들의 다양한 위치를 통하여 천문학적 현상을 보여주었다.

케플러는 말했다. "저는 신학자가 되려고 하였습니다. 오랫동안 방황하였습니다. 그라츠에 있는 제 의무가 설교자의 길을 막았기 때문입니다. 그러나 지금 저는 하나님께서 저의 천문학 작품을 통하여 영광을 받으신 줄로 압니다." "그대의 『우주의 비밀』의 의미가 무엇인가?" 대공이 물었다. 케플러는 설명하였다. "여섯 고체 사이에 행성궤도의 비례를 적절하게 짜집기한 일입니다." 그 말은 수수게끼같이 들렸다. "짐은 이해하지 못하겠군." 대공이 말했다. 케플러는 자신의 도형을 두루마리에서 풀었다. "폐하의 골동품 금고에 진상하기 위하여 만든 도형 모델입니다. 중간에 태양이 있고 태양 둘레로 수성이 0.24년, 금성이 0.61년, 지구가 1년, 화성이 1.88년, 목성이 11.87년, 토성이 29.47년을 공전합니다. 태양은 가장 깊숙하게 중심에 처박혀 있습니다. 옛날 같았으면 그 자리에 지구를 집어 넣고 지구가 있던 자리에 태양을 넣었을 것입니다. 지구와 태양은 서로 뺏다 끼워 넣을 수 있는 것이였습니다.

저는 일곱 행성의 천구 구면에 파이프와 구멍을 뚫고 가장자리에 일곱 꼭지가 있는 황금 주발을 만들고 싶습니다. 각 행성 배열에 따른 각각의 공간에 꼭지를 틀기만 하면 음료수를 마실 수 있도록 고안하였습니다. 연회석의 손님들은 음식을 먹고 음료수를 마시므로 하나님의 영광을 재현합니다." "고참, 그대 말대로 영광스럽겠구나!" 대공이 말했다. 대공은 시중 비서를 불렀다. "작업을 수행하여주게."

여러 주가 지나도 금속 작업자들은 대형 컵 주조에 실패하였다. 케플러는 기술적 난점을 극복하지 못하여 프로젝트를 중단시켰다. 어쨌든 그는 도형을 『우주의 비밀』에 삽화로 사용하기 위하여 그들을 매스틀린에 제시하였다.

"어디서 이렇게 많은 시간이 지나갔지?" 케플러는 깜짝 놀랐다. 그는 그라츠신학교에 오직 2달만 떠나있겠다고 하였다. 그런데 고향 방문 기간이 거의 7달이 되어간다. 바바라는 어떻게 생각할 것인가? 일체를 매스틀린의 손에 맡겼다.

케플러는 부리나케 작별인사를 하고 8월에 그라츠에 도착하였다. 그라츠 시내로 들어서면서 막 바로 대학교회로 달려갔다. 오시우스가 달려와서 다가오는 결혼에 대한 축하의 손뼉을 칠 것으로 기대하였다. 오시우스가 왔다. 그런데 그의 얼굴은 심각해 보였다. 그는 눈살을 찌푸렸다. "어떻게 되었어?" 케플러가 물었다. 오시우스는 케플러를 책망하였다. "뚜쟁이는 내가 생각했던 것처럼 오랫동안 기다리지 않았다. 바바라 아버지는 다시 그의 마음을 바꾸었어." 케플러는 가슴이 철렁 내려앉았다. 오랫동안 가족을 이루며 살아갈 행복한 생각으로 분주하게 지내왔다. 전적으로 포기할 수 없었다.

어쨌든 케플러는 자력으로 협상에 들어갈 생각을 하였다. 그 순간 그는 교회 당국의 최고심의의결 기구 게시판을 떠올렸다. 그는 게시판에 바바라와 결혼하겠다는 것을 동의하였다는 문서를 SNS 형식으로 올렸다. "결혼을 허락하든지 서약에서 풀어주든지 양자택일(兩者擇一)을 하십시오." 막다른 골목길에서 그것이 먹혔다! 욥스트 뮐러는 더 이상 결혼 지연과 후퇴에 대한 합리적인 설명을 할 수 없었다.

1597년 4월 27일, 대학교회에서 케플러와 바바라 뮐렉의 결혼식이 거행되었다. 결혼식 피로연은 바라라가 살았던 스템퍼가세 거리의 게오르그 하르트만 폰 슈투번베르크 집에서 열었다. 욥스트는 그의 사유지에서의 피로연 개최를 거부하였다. 그는 연회석에는 참석하였으나 삐쳐서 심술 굳게 구석에서 앉아있었다. 바바라는 아름다웠고 사랑과 행복으로 빛났다. 케플러는 신학교 교수 사택에서 신혼살림을 차렸다. 케플러는 바바라가 초혼에서 낳은 일곱 살 레기나를 의붓딸로 받아들였다. 식구가 늘자 그라츠에서 루터파 교인들의 뉴스를 날라주는 소식통 집으로 이사하였다.

오랫동안 기다리던 소포 보따리가 도착하였다. 케플러는 출판업자로부터 200권의 부수를 주문하였다. 책 뒷 표지에 10 크로이처로 가격이 붙여졌다. 도형을 보여주기 위한 여분의 큰 페이지는 책갈피에 접어 넣었다. 그는 유럽의 학자들에게 증정본을 보냈다. 한 증정본은 벤 섬에 있는 덴마크 천문학자 브라헤에게로 갔고 다른 증정본은 이탈리아의 갈릴레오에게로 갔다. 50부는 매스틀린에게 넘겼다. “이들은 교수님께서 보시기에 적합한 분들께 증정하십시오.” 케플러는 『우주의 비밀』에 되돌아오는 견해를 걱정스럽게 기다렸다. 학자들은 책의 증정에 대한 따뜻한 감사편지를 썼다. 케플러에게 한 사람의 견해는 다른 사람의 견해보다 더 중요하였다. 그가 브라헤이다. “브라헤의 실험실에 있는 단일한 도구는 내 전 재산보다 더 가치가 있다.”

케플러는 바바라에게 설명하였다. “그자만이 내 이론이 올바른지를 검증할 수 있는 벤 섬에 세계적인 관측소를 가졌다. 그러나 우리는 만나지 못할 것이다. 벤 섬은 너무 멀리 떨어져 있다.”

페르디난트 2세 선제후 대공3이 1596년 12월 16일 그라츠를 통치하면서부터 심상치 않은 분위기가 감지되었다. 그는 교황을 방문하러 로마에 갔다가 돌아오자마자 나라 전체를 가톨릭으로 회귀시키려 한다는 풍문(風聞)이 떠돌았다. 개신교 공동체는 그의 반대하는 정책을 펼치기로 작정하였다. 그가 떠나있는 동안에 교황과 선제후 대공을 우습게 풍자하는 카툰이 떠돌았다. 아무도 누가 그런 그림을 그렸는지 몰랐다. 어느 날 아침 같은 내용의 대자보(大字報)가 공공건물에 나붙었다. 대공은 대자보를 쓴 역적(逆賊)분자를 색출하라고 명령하였다. 누가 했는지 아무도 누구도 시인하지 않았다.

대공은 약이 바싹 타올랐다. 그는 개신교 교인을 공공직무에서 축출하고 그 자리에 가톨릭 교인으로 대치시켰다. 개신교 교인에게는 세금을 올렸으나, 가톨릭 교인에게는 내렸다. 그는 개신교 병원에 자금지원을 중단하였고 개신교 묘지를 폐쇄하였다.

오시우스는 다급한 표정으로 대학교회에서 대공의 법령에 반대하는 설교를 하였다. 그는 회중에게 돈을 모아서 병원사업을 지원할 것을 요청하였다. "형제자매 여러분!", 오시우스는 말했다. "우리는 돈을 모아 개신교 병원을 지어야 합니다." 그러자 다음날 대공은 설교단으로부터 모금행위를 금지하였다. 다른 칙령이 반포되었다.

오시우스는 케플러에게 그의 곤경을 설명하였다. "우리 설교자들은 더 이상 결혼주례는 물론 장례식조차도 집전할 수 없다. 페르디난트 선제후 대공이 대학교회 자체를 폐쇄하는 것은

---

3 페르디난트 2세(Ferdinand II, 1578-1631)는 신성로마제국의 황제이다.

시간문제이다!" "확실히, 일은 그렇게 흘러가지는 않을 것이다!" 케플러는 말했다. "어떤 광기가 선제후 대공을 덮쳤단 말인가? 나는 관구 국가 수학자로서 그를 만났고 그를 위하여 일했다. 나는 많은 예수회 사람들을 내 친구로 생각하고 있다. 우리 두 종파가 모두 다 하나님을 평화롭게 예배할 수 없단 말인가?" 그라츠의 가톨릭 공동체의 지도자들은 거의 예수회 소속이었다. 한동안 선제후 대공의 강압적인 정책이 뜸해졌다.

케플러는 책 출간을 축하하는 학자들의 편지가 도착하면서 정치 문제를 잠시 잊었다. 직접 배달하는 우편 봉사가 없어 인편으로 편지와 소포가 건네졌다. 케플러의 친구 파울루스 암베르커는 갈릴레오4에게 『우주의 비밀』의 복사본을 전달했다. 케플러는 갈릴레오가 파두아 대학에서 그의 캐리어를 시작하였다는 것을 알고 있었다. 그의 아버지는 그가 의사가 되길 원했다. 갈릴레오는 고집이 센 젊은이로 의학 공부를 포기하고, 운동법칙을 연구하였다. 그는 두 돌이 동시에 높은 곳에서 아래로 떨어질 때, 어느 것이 먼저 떨어지는지를 실험하였다. 포물선을 그리며 돌맹이는 어디까지 올라가서 내려오며, 대포알은 지표면을 어디까지 날아가 비행하는지를 알아보려 하였다. 갈릴레오는 고대 희랍인은 많은 잘못을 저질렀다는 것을 증명하였다. 그는 공인된 학설을 공격하므로 적을 많이 만들었다. 그는 피사 대학을 떠나 파두아 대학으로 옮겨가야 하였다.

케플러가 보낸 책이 그에게 도착하였다. 갈릴레오는 책을 받

---

4 갈릴레오(G.Galilei,1564-1642)는 성이 갈릴레이이며 지동설을 주장한 이탈리아 천문학자 이다.

자마자 소포를 열고 서문을 읽었다. 이 책의 아이디어는 그의 상상력을 자극하였다. 즉각 파울루스 암베르거를 통해 케플러에게 편지를 썼다.

파두아, 1597년 8월 4일

아주 저명하고 박식하신 신사이시여. 당신의 책이 며칠 전이 아닌 지금 막 도착하였습니다. 이 편지로 감사의 마음을 표현하지 말아야 한다면, 당신은 저를 참으로 은혜롭지 못한 사람이라고 생각할 것입니다. 당신이 저를 특별히 그러한 우정을 증명할 가치를 지닌 사람으로 보아주신데 감사드립니다. 저는 몇 년 전에 코페르니쿠스 학설을 수용하였습니다. ..어쨌든 제가 그것을 공개적으로 주장하는 모험을 하지 않았던 것은 코페르니쿠스 운명 때문에 제 자신이 두려웠기 때문입니다. 진리를 찾는 사람들이 거의 없다는 것은 통탄할 만한 일입니다. 만약 당신이 더 많은 사람을 확실하게 모은다면, 저는 제 생각대로 공식적으로 대응 할 것입니다. 이 경우가 아니므로, 저는 코페르니쿠스 학설을 수용하는 일은 자제할 것입니다.

신실한 우정에서 파두아 대학 수학자
당신의 갈릴레오 갈릴레이

케플러는 그가 코페르니쿠스 이론은 지지하였으나 공개적 발언을 두려워한다는 것을 깨달았다. 케플러는 출판으로서 코페르니쿠스 이론을 공개적으로 지지한 최초의 과학자였다.

케플러는 갈릴레오에게 썼다. "저를 믿으십시오. 유일하게 이해하는 한 사람의 날카로운 비판은 개념 없는 대중의 칭찬보다 낫습니다." 케플러는 계속해서 갈릴레오가 태양이 행성계의 중심이라는 신념을 공적으로 주장 할 것을 권유하였다. 어쨌든 갈릴레오는 입술을 굳게 다물었다. 그는 케플러 편지에 답변조차도 하지 않았다.

반면에 브라헤는 태양 둘레 궤도에서 운동하는 지구에 대하여 케플러와 견해를 달리하고 있었을지라도 케플러에게 편지하였다. "무겁고 느릿한 지구는 움직일 수 없다." 그는 말했다. 브라헤는 케플러가 보여준 논증에서 큰 기쁨을 얻었다. 브라헤는 벤 섬의 관측소를 철권통치 하였다. 그는 케플러를 미래가 약속된 실제 천문학자로서 인정하였다. 그의 칭찬보다 케플러를 기쁘게 할 수 있는 것은 없다. 그것은 천문학에서 공인된 전문가 평가였다.

케플러는 1598년 2월 2일에 더욱 행복했다. 바바라가 사내아이를 낳았다. 케플러는 모든 사람에게 좋은 뉴스를 퍼뜨렸다. 아이 출생 8일 이후에 세례를 받았을 때 연회를 베풀었다. 케플러는 아이를 하인리히로 이름을 정한다. 아버지의 이름이고, 그의 가장 친한 친구 오시우스의 이름이다. 바바라는 천문학 혹은 수학에 관하여서는 전혀 몰랐다. 케플러의 책이 세상에 나왔을 때, 그녀는 소외된 것으로 느꼈다. 아이만이 그녀의 집중적인 관심 대상이었다. 그녀는 아이를 보살피는데 모든 시간을 보냈다. 몇 주가 지났다. 기쁨이 바래졌다. 하인리히가 아팠다. 열이 올랐다. 무게가 빠졌다. 피부가 창백하게 변했다. 의사가 왔다. 60일 후에 하인리히는 죽었다. 바바라는 슬프게 울었다. 아무도 그녀의 슬픔을 진정시킬 수 없었다. 그녀는 아이의 죽음에 대하여 자신을 책망하였다. "제가 당신을 위하여 할 수 있는 것은 아무도 없습니다." 케플러는 말했다. 그녀의 등을 쓰다듬었다. 그는 매스틀린에게 편지하였다. "제 심장은 자식 생각으로 무겁습니다. '오 헛되고 헛됩니다. 만물이 헛됩니다."[5] 케플러는 생각을 성경 구절로 돌렸다.

다른 소문이 떠돌았다. 오시우스는 이미 그것을 예견하였다. 페르디난트 대공이 교회폐쇄를 명령하였다. 루터의 교설과 루터 성경읽기가 금지된 교회 종탑 소리는 침묵에 빠졌다. 페르디난트 대공은 그 밖에 무슨 짓을 할 것인가? 그러던 어느 날 아침 개신교 공동체의 모든 설교자, 교사, 지도자의 입에서 단어가 새어 나왔다.

추방!

그들은 경고하지 않았다. 선제후 페르디난트 대공이 교회 정문에 명령문을 못질하여 걸어놓고 읽도록 공고하였다. 칙령은 간단했다.

이날 해가 중천에 떠 있을 동안 모든 개신교 설교자, 교사들 그리고 학교 종업원들은 그라츠를 확실하게 떠나라. 죽음의

---

5 전도서 2장 2절.

대가로 값을 치르면 그라츠 공국에 다시 나타날 수 있다.

케플러는 바바라에게 굿바이라고 키스하였다. 그리고 레기나를 껴안았다. "말에 짐을 실을 시간조차 없다." 그는 말했다. 그는 사팔뜨기 눈을 하면서 태양의 높이를 응시하였다. 그는 그라츠를 떠나는 망명객 대오에 합류하였다. 그들은 사랑하는 가족을 뒤돌려 보내고 새롭게 정착할 장소를 향하여 출발하였다.

그것은 도시에서 쏟아져 나오는 긴 마차 행렬을 의미하였다. 그것은 마치 전쟁이 일어난 것인 양, 망명길로 떠나는 대형포장마차를 의미하였다. 그들은 아내들과 자녀들을 뒤에 두고 떠나는 남편과 아버지였다. 케플러는 말고삐를 꽉 잡고 앞으로 말을 몰았다. 앞으로 어디로 갈 것인가? 케플러는 일전에 울름에서 그라츠로 지날 때 「전도서」를 읽으면서 썼던 '겨울 공화국'이라는 시가 생각났다.

추방

하늘 끝 그곳 바람이 분다.

내안에 있던 슬픔 모두 다 사라지고,
"바람은 남아서 불다가 북으로 흐르되
바다를 채우지 못하며 강물은 어느곳으로
흐르든지 그리고 연하여 흐르니라."[6]

6 전도서 1장 6-7절.

8. 브라헤 데이터의 승계

페르디난트 대공은 1598년 9월 13일 케플러를 포함한 8명의 개신교 교회지도자들을 슈타이어마르크에서 몰아냈다. 이들은 9월 27일 그라츠를 떠나서 8일 만에 오스트리아와 헝가리 국경을 통과하여 동부지역에 이르렀다. 대공의 군사들이 경계의 눈초리를 풀지 않고 국경선까지 따라왔다. 케플러가 타고 가던 말 앞의 마차가 계곡에서 굴러 내린 돌을 피하려고 삐걱거렸다. 말들이 콧숨을 들어 쉬면서 제자리를 잡으려고 삐걱거렸다. 모두 멈추고 하차하여 마차 밖으로 주위에 무엇이 일어났는지를 살폈다. 말이 없었다.

그들은 오직 떠나야 한다는 일념에만 몰두하였다. 몇 달 이내에 겨울이 시작되면 날씨가 추워질 것이다. 길을 따라서 쉬어가는 야영(野營)은 불가능할 것이다. 앞으로 어떻게 버틸 수 있을 것인가? 케플러는 그라츠에 남아있는 가족과 친구들을 생각하였다. 그들은 말씀을 전할 설교자, 교회건물도 없이 신앙생활을 할 것이다. 바바라와 레기나는 남편도 아빠도 없이 무엇을 할 수 있을 것인가? 만약 다른 자리를 찾아 정착할 수 없다면, 어떻게 가족을 먹여 살릴 수 있단 말인가? 이 모든 질문은 케플러의 마음을 어둡게 하였다.

케플러는 헝가리 땅으로 들어서자 말고삐를 잡고 말을 세웠다. 이것은 아니라고 생각했다. 자신의 경우는 예외가 적용될 수 있다. 자신은 목사가 되기 전에 튀빙겐을 떠났다. 한 가지로, 자신은 종교를 가르치지도 않았고, 루터 종파에서 파송한 설교자도 아니다.

그는 그라츠로 돌아갈 결심을 굳히고 잉골슈타트에 있는 예수회 친척에서 편지를 썼다. "미안하지만 선제후 백작 페르디난트 대공에게 내 사정을 좀 말해주시오." 그는 청원을 받아들일 때까지 무작정 기다릴 수만은 없었다.

그는 아내 바바라와 딸을 생각하며 말안장에 올라 기수를 그라츠로 돌렸다. 두 명의 다른 망명객이 이미 저만치 달려가는 그를 한참 동안 보았다. "왜 돌아가나?" 한 명이 속삭였다. 다른 한명이 눈살을 찌푸렸다. "케플러는 예수회 인물들과 친분이 있어. 그는 진짜 루터 종파 인물이 아니야. 이단이야. 교회에서 쫓겨나야 해." 다른 한명이 큰 소리로 말했다. "그런 혐의는 거짓이야. 케플러는 성경을 하나님의 말씀이라고 믿으며 개신교를 진지하게 따른다." "그러면 왜 그는 루터 종파 설교자들이 가르치는 교설 가운데 어떤 부분은 동의하지 않는다는 것이지?" 그 친구가 말했다. "케플러는 각 사람은 진리를 발견할 의무를 갖고 전력을 다해 마음으로 우러나온 믿음대로 살아야 한다고 생각한다." 다른 친구들은 케플러의 행동에 대하여 확신을 갖지 못하였다. "그는 경고를 받을 것이다."

케플러는 강을 저벅거리며 오스트리아 국경으로 들어갔다. 그는 몇몇 동료들이 그라츠로 향한 자신의 귀환에 비분강개하고 있다는 점을 알아차리지 못했다. 그가 성문에 도달하였을 때 회의적인 시선으로 바라보던 두 명의 보초가 말을 멈춰 세웠다. 한 명은 말의 고삐를 잡았다. "이름을 대시오." 보초가 물었다. "요하네스 케플러!" 그가 답변하였다. 보초는 명단의 리스트를 내리읽었다. "개신교인! 당신은 그라츠로 들어갈 수 없소." 보초 선임자가 말했다. 케플러는 안장에서 말의 고삐를 높이 끌어당기고 눈을 동그랗게 하며 대꾸하였다. "나는 관구의 국가 수학자요." 그는 지금 좌불안석(坐不安席)의 감정을 떨치듯 말하였다. "나는 선제후 대공 전하를 위하여 일하는 달력 제작자요. 나는 이번 사태에 관련되지 않고 중립적이요." 보초는 볼멘소리로 대납하였다. "여기 잠깐 기다리시오." 그가 말했다. 그는 상관과 상의하였다.

상관이 그들과 함께 걸어 나왔다. 그들이 초소에서 천천히 걸어 나올 때는 들어갈 때와는 딴판이었다. 그들 태도가 확 변하였다. 상관이 설명하였다. "선제후 대공 전하는 당신의 일을 좋아합니다." 상관은 케플러의 흩어진 짐을 정돈하도록 하고 다른 두 명의 호위병에게 그와 함께 말을 타고 댁으로 안내하도록 명령하였다. 상관이 당부하였다. "대공 전하께서는 일반 칙령에 당신을 예외로 해 두라고 지령을 내리셨습니다. 만약 당신이 적절한 재량권으로 그들의 범죄행위에 균형을 지키시면, 신분이 위험해질 일은 없을 것입니다. 대공 전하께서는 그러한 자비가 철회되지 않기를 간절히 바라고 계십니다." 케플러는 바짝 긴장하다가 안도의 한숨을 쉬었다.

그들이 집에 도착하면서 병사가 국가 수학자의 복귀를 알렸다. 바바라와 레기나가 그의 목소리를 듣자 곧바로 밖으로 달려 나와 그의 가슴팍으로 들어왔다. 그들은 남편과 아빠의 안전한 귀환에 기쁨의 눈물을 흘렸다. 케플러는 흐느끼는 아내의 어깨를 가볍게 두드리며 말하였다. "대공 전하께서는 달력 제작자를 공국의 위협으로 여기지 않습니다."

그라츠신학교는 문을 닫아 할 일이 없었다. 관구 수학자로서 봉급을 받고 있으므로 한가하게 머물 수 없었다. 그래서 달력을 작성하는데 많은 시간을 할애하였다. 그는 바이에른 왕실 각료 헤어바르트 폰 호엔베르크[1]와 구약 연대기에 관하여 서신을 교환하였다. 두 사람은 구약의 중요한 사건의 기록을 정비하려고 노력하였다. 개신교 교사와 목회자들은 추방되었지만, 개신교 평신도는 여전히 도시에 살았다.

신분 의회 대표위원들은 대거 교체되었다. 그들은 케플러의 업무를 비난하였다. "이것은 시간 낭비다." 연로한 사람이 말했다. "이것은 연구가 아니라 싸우는 것이다." 다른 사람이 말했다. "천문학자는 필요 없다. 당신은 의학 공부를 해서 의사가 되어야 한다." 케플러는 답변하지 않았다. 그는 이전에도 그런

1 헤어바르트 폰 호엔부르크(H. von Hohenburg,1533-1622)는 루돌프 2세 황제의 고문관이다.

소리를 들었다. 어떻게 그들에게 설명할 수 있을 것인가? 그는 하나님이 자신을 통하여 우주의 디자인을 깊이 들여다보게 하시는 길을 예비하였다고 믿었다. 그것은 오직 믿음이었다. 케플러는 의학 공부를 위하여 이탈리아로 여행할 수는 없었다.

바바라는 두 번째 여자아이를 낳았다. 수잔네라고 이름을 지었다. 아이는 하인리히같이 나면서부터 아팠다. 그라츠의 최고 의사들이 아이의 머리를 어루만지며 진단하였다. 어떤 사람은 약을 처방하였고 다른 사람은 정맥에서 피를 뽑았다. 아이는 나아지지 않았다. 수잔네 역시 죽었다. 바바라는 그녀의 방문을 채웠다. 그녀의 흐느낌은 온통 집안을 메아리쳤다. 그녀는 손을 쥐어짜며 책망했다. 그녀는 자신이 남편을 실망시켰다고 느꼈다. 레기나는 양아버지를 위로하였다. "아빠는 엄마가 얼마나 자식을 사랑하시는지를 알고 계세요? 힘내세요." 케플러는 가여운 딸의 매장신고를 위하여 시청에 서류를 제출하러 갔다. 개신교 묘지는 폐쇄되었다. 가톨릭교회의 의식에 따라 장례를 치르라는 지령이 내려왔다. 그는 거절하였다. 대공의 관리들이 아이의 시신을 뺏으려하였다. 그는 그들을 피하여 남몰래 공원묘지 한구석에 묻었다. 도시 장례담당관이 이 사실을 알고서 케플러에게 5굴덴의 벌금을 부과하였다.

케플러만이 페르디난트 대공의 골칫거리가 아니었다. 이번에는 슈타이어마르크를 통틀어 개신교 탄압정책에 반기가 일어났다. 전번에는 바카우 계곡에서 농민 소요가 있더니, 이번에는 슐로스베르크산 아래 무기고에서 폭동과 화염이 발발하였다. 선제후 대공은 이 사건을 계기로 나라의 모든 개신교도를 발본색원(拔本塞源)하라는 칙령을 비준하였다.

누군가 루터 성경을 읽거나 개신교 찬송을 부르면, 추방, 벌금 혹은 감옥행을 감수하여야 한다.

다음 날 케플러는 거리에 소요와 함성을 들었다. "이게 뭐지?" 놀랐다. 그는 창문 커튼을 뒤로 젖혔다. 건너편의 신학교 도서실 문으로 병사들이 들어갔다. 그들이 책을 나르는 것이 분명하였다. 케플러는 분노하였다. 그들은 루터의 교설을 포함하는 책들을 모아 불살랐다. "이것은 관용이 될 수 없다!" 케플러는 그라츠신학교 한쪽 건물에 마련되어 있는 국가 수학 청사의 방문을 자물쇠로 채웠다. 병사들이 다시 리스트를 작성하였다. 그들이 국가 수학 청사를 지나갔다. 대공은 달력제작과 점성술을 자신을 돕는 수학자와의 우정을 위험에 빠뜨리게 하고 싶지 않았다. 하지만 케플러도 더 이상 불확실하게 머물 수 없었다. 그는 가족의 안전을 염려하였다. "더 이상 그라츠에 있을 수 없다." 그는 결심하였다. 이 도시는 너무나 많은 고통의 기억을 안겨준다. "나는 어디에선가 새 일자리를 찾아야 한다."

그는 매스틀린에게 편지를 썼다. 그는 케플러 처지의 심각성을 이해하지 못했다. 무엇보다도 답변조차 하지 않았다. 최종적으로 다섯 달 후에 튀빙겐대학에는 케플러를 위한 교수직을 발견할 수 없었다는 답신이 왔다.

그동안에 케플러는 브라헤에 관한 흥분된 뉴스를 들었다. 위대한 천문학자는 새로운 후견인인 덴마크 왕의 지지를 잃었다.

두 사람은 성난 단어를 교환하며 대판 싸웠다. 브라헤는 그의 모든 장비와 짐을 싸 가지고 천문관측대가 설치된 벤 섬을 떠났다. 그는 1년 동안 유럽 전역을 방랑하며 새로운 관측소를 세울 장소를 물색하였다.

그러는 사이에 궁정 각료 헤어바르트가 케플러에게 브라헤가 1599년 6월 프라하의 제국 수학자 지위를 수락하였다고 알려왔다. 황제는 브라헤에게 깜짝 놀랄만한 액수인 봉급 3,000 굴덴을 약속하였다는 것이다. 케플러는 믿을 수 없었다. "위대한 천문학자가 프라하에 왔다!" 케플러는 그의 손에 편지를 받아들고 Z 지그재그로 춤을 추었다. "브라헤는 더 이상 수천km 떨어져 있지 않다. 그는 프라하에 있다. 그는 나에게 기적이고 행운이다." 브라헤가 자신을 공동연구자로 받아들일까? 케플러는 브라헤에게 천문학을 공부하러 석사 학위 부자 학생에 관한 이야기를 회상하였다. "나는 자네가 석사 학위를 가졌는지는 상관하지 않는다." 브라헤가 말했다. "나는 오히려 자네를 스승으로 삼고 싶네." 케플러는 브라헤에게 편지하였다. 헤어바르트 궁정 각료는 그가 젊고 유능한 천문학자와 벌이는 공동 작업을 좋아할 것이라는 힌트를 주었다.

헤어바르트는 왼손이 하는 것을 오른손이 보르게 케플러를 브라헤에 중재하였다. 브라헤가 답변하였다. "오게. 나는 자네를 친구로 여기네. 자네를 돕는데 신의를 저버리지 않을 것이니 와서 상의하게. 그러나 나는 나와 같이 도피처를 찾는 자네를 몰아치고 싶지 않네. 나나 자네나 자유로운 판단으로 몸값을 올려야 하네. 우리 둘 다 과학에 봉사하려는 사랑과 열정을 지닌 사람들이네." 그러나 어떻게 프라하에 가나?

예기치 않은 행운이 찾아왔다. 호프만 남작2이 보헤미아 사절로 그라츠에 왔다. 그는 곧 프라하로 떠날 것이다. 그는 케플러가 자기와 같이 프라하로 자신의 마차로 갈 것을 고집하였다. "자네는 나와 같이 가야 하네." 남작이 말했다. "이 여행은 길고 지루해. 나는 나를 동반해줄 날카로운 지성인이 필요해." 케플러와 호프만 남작은 세기의 첫해의 첫날 1600년 1월 1일에 떠났다. 새로운 시작! 오스트리아에서 프라하로 떠나는 여행객은 통상적으로 두 적을 만난다. 하나는 고속도로의 노상강도이고, 다른 하나는 겨울 추위이다. 호프만 남작은 낮시간은 여행하였고 밤에는 그가 늘 묵던 단골여인숙으로 들어갔다.

눈이 오후부터 내리기 시작하더니 거리와 들길을 온통 눈으로 뒤덮었다. 얼어붙은 바람이 눈을 휘몰아 마차 안으로 들어왔다. 케플러는 심한 감기에 걸렸다. 열이 오르면서 의식을 잃었다. 호프만 남작은 프라하로 돌아가기 전 암 베르크에 있는 여인숙에서 쉬면서 케플러를 간호하기로 하였다. 그는 케플러를 침대까지 부축하여 날랐다. 남작이 그의 입술로 수프를 넣으려고 하자 뿌리쳤다. 남작의 손에 있던 약사발이 방바닥에 엎질러졌다.

케플러는 삼일동안 꼬박 침대에 누워 있다가 일어났다. 케플러의 머리는 깨끗하게 맑아졌다. 호프만 남작은 그의 발까지 씻겼다. "아, 선한 사마리아님!" 케플러가 말했다. "왜 남작께

2 요한 프리드리히 호프만(J. F. Hoffman) 남작은 루돌프 2세 황제의 고문관이다.

서는 저를 놔두고 떠나시지 않았습니까?" 남작이 말했다. "아니, 당신은 진주요. 나는 당신을 천문학자의 왕자에게 데려가려 하오. 나는 당신이 여행길에서 죽었다는 말을 차마 할 수 없었소."

그들은 마차에 짐을 싣고 여인숙을 떠났다. 케플러는 물었다. "브라헤가 정말로 왕자(王子)요?" "예, 그는 진짜 덴마크의 왕자요. 그의 조부모님은 모두 스칸디나비아의 성주이시고 부모님도 왕실의 측근이요. 그의 삼촌 요르겐은 장군으로 봉사하였소. 그는 모든 귀족자제같이 법과 철학을 코펜하겐 대학에서 공부하였소. 그를 키웠던 삼촌은 브라헤가 정치에 입문하기를 바랐죠. 코펜하겐 대학의 입구에 다음 같은 비명이 적혀 있소. '하늘의 빛을 쳐다보아라.' 명백히 브라헤는 정확하게 그것을 해냈소. 그는 1560년에 태양 일식을 관찰했죠. 일식은 그에게 커다란 감명을 주었소. 그것은 정확하게 예측될 수 있었기 때문이요. 그는 관심을 정치에서 천문학과 수학으로 바꾸었소."

케플러는 끄덕였다. "저는 브라헤가 무엇을 느꼈는지 정확히 게 이해할 수 있습니다. 저도 어린 소년이었을 때, 아버지가 달밤에 보여주신 일식 광경을 잊지 못합니다. 아버지가 저를 데려고 나갔던 그때의 경험은 평생토록 기억됩니다. 천문학의 시식은 우리가 알던 모르던 예측 가능 하다는 사실에 있습니다."

호프만 남작이 말했다. "브라헤는 거의 모든 중요한 학문을 개신교 대학에서 공부하였소. 그가 독일의 로스톡 대학에서 공부하는 동안에 그는 한 친구와 결투를 벌인 적이 있었소." "한 소녀 때문에?" 케플러가 물었다. 그는 실제로 무엇이 일어났는지를 알았기 때문에 정중하게 물었다. 브라헤와 그 학생은 서로가 수학 문제를 제대로 풀었는지를 토론하였소. 그들은, 어떤 이상한 논리에 의하여, 검(劍)에 의한 결투로 문제를 해결할 것을 결정하였다네.

그들은 죽음의 전조와 같은 검은 수의를 입고 서로 검을 뽑았다네. "브라헤가 코를 잃었지." 남작이 말했다. "그의 적수는 그것을 즉각 베어버렸지. 브라헤는 코 없이는 돌아다니고 싶지 않았겠지. 그래서 그는 금과 은으로 인공 코를 만들었고 매일 아침 그곳에 코를 집어넣기 위하여 밀랍을 사용하였지." 호프만 남작은 경고하였다. "자네가 그를 만나면. 자네는 놋쇠로 채색된 그의 코를 안다고 티를 내서는 안 되네."

천문학자로서 브라헤는 1572년에 일생일대(一生一大)의 사건을 경험한다. 늦은 어느 날 밤 그는 혼자 그의 화학 실험실에 남았다. 그가 집으로 걸어갈 때, 그의 눈은 하늘을 스캔하였다. 호프만 남작은 말했다. "갑자기 그는 잠시 놀라움에 멈춰 섰다. 그는 카시오피아의 별자리에서 하나의 밝은 별을 염탐했다. 그것은 정말로 장관이었지. 그는 자신의 눈을 믿을 수 없었지." "이것이 무엇입니까?" 브라헤가 길가는 사람들을 멈추게 하였지. "여러분은 이것을 볼 수 있습니까?" 그들은 볼 수 있었다. 무슨 별인가? 혜성? 혹은 아마도 대기권에 유일한 한 빛? 아니다. 이들은 어느 것도 아니다. 그는 계속 천체의 대상을 살폈다. 이들은 지구의 대기권에 속한 것은 아니었다. 브라헤는 이 연구를 통하여 하늘은 영원불변하다는 아리스토텔레스 학설을 무너뜨렸지. "이날 이후로 브라헤는 하늘에서 천국 찾는 일을 포기하였어."

"브라헤는 이 대상에 관한 한 권의 책을 썼어. 그는 그것을 기술할 새로운 단어를 만들었어. 그것을 신성, 하나의 새로운 빛이라고 불렀지. 몇 년 후에 천문학자들은 브라헤의 신성이 폭발하는 별이라는 것을 알았지. 브라헤의 명성은 커갔지. 덴마크 왕 프레드릭 2세3는 그에게 벤의 섬을 하사했어. 브라헤는 그곳에 우라니보르그라는 관측소를 세웠어. 그것은 하늘의 타워라는 뜻이지. 브라헤에게는 이보다 더 좋은 곳은 없었지. 브라헤는 벤에서 천문대 왕국을 건설하였어. 연구실에는 새로 만든 설비로 가득 채워놓고 천문대의 예술가, 제빵사, 화가, 정원사 그리고 이발사를 고용하였지."

호프만 남작은 계속하였다. "브라헤는 특별히 두 개의 실험 도구를 애호하였어. 하나는 별들 사이의 거리를 측정하는 거대한 사분원이고, 다른 하나는 17m를 가로지르는 놋쇠 글로브이다. 그곳에는 777 별의 위치가 새겨져 있었어. 자네도 기회가 되어 그들을 보게 되면 정말로 엄청난 감명을 받을 것이네. 브라헤는 자신의 실험도구를 마치 친자식같이 여기며 자랑스러워하였지." "그는 얼마나 많은 자녀를 낳았나요?" 케플러가 넌지시 물었다. "모두, 6명이다."

남작이 말했다. "자넨 그의 결혼에 관하여 들었나?" 케플러는 그의 결혼에 대하여 들었던 적이 있었다. 브라헤는 목사의 딸과 결혼하였다. "그녀는 브라헤의 삼촌 집 하녀로 일했습니

---

3 프레드릭 2세(Frsdrick II ,1534-1588)는 덴마크와 노르웨이의 왕이다.

다.” 케플러가 답변하였다. 호프만 남작은 말했다. “자네는 상상할 수 있나? 왕족 신분 친척들은 그들의 결혼을 반대하였지. 귀족들은 신분이 낮은 평민과는 결혼하지 않는다. 그의 친척들은 그가 가문을 불명예스럽게 하였다고 생각하였지. 그들은 결혼을 인정하지 않았고 그래서 이 문제는 결국 법정까지 갔지. 그러나 브라헤는 사랑 때문에 그녀와 결혼하였다. 그의 친척들은 그의 마음을 바꾸지 못하였지.”

케플러는 석탄불로 지핀 난로의 금속박스에서 발이 더 따뜻해지게 이리저리 움직였다. 그는 여전히 으스스하게 느꼈다. 그는 몸 둘레를 모포로 감았다. 그는 자신을 엄동설한 세일 패키지로 느꼈다. 어머니가 혜성을 보기 위하여 자신을 포대로 둘둘 말아 수풀로 덮힌 둥근 언덕으로 데려간 시절이 기억났다. 그때가 언젠데? 케플러는 말없이 계산을 해보았다. 왜, 그가 어린 소년으로 보았던 1577년의 대 혜성은 브라헤가 벤에서 근면하게 관찰하였던 별과 같다. 튀빙겐대학의 매스틀린 역시 그때의 혜성을 기록으로 추적하였다. 그와 브라헤는 달이 지구 궤도를 따라가듯이 혜성도 최소한 3회를 자신의 궤도를 따라 갔다는 것을 보여주는 연구를 하였다.

당시 과학계는 누가 먼저 더 빠르고 정확한 연구결과를 발표할 것인지 촉각을 곤두세웠다. 브라헤는 혜성이 원의 궤도를 따르지는 않았다는 것을 보여주었다. 이러한 사실은 유럽을 통틀어 누구나가 알고 배웠다. 하지만 그의 주장은 결국 희랍 천문학과 갈등을 일으켰다.

“왜 브라헤는 벤 섬을 떠났나요?” 케플러가 물었다. 호프만 남작은 설명하였다. "그의 후견인, 프레드릭 2세가 1588년 죽었어. 브라헤는 억센 기질에 고집을 부려도 프레드릭 왕은 그의 요구를 들어주었어. 그러나 프레드릭 왕이 죽고, 크리스티안 4세4가 왕위를 계승하였지. 그러자 새 왕은 브라헤에게 자금줄을 끊어버렸지. 두 사람은 대판 싸웠지. 결국, 브라헤가 벤을 떠났다네. 그는 새로운 일자리를 찾아 전 유럽을 방랑하다가 루돌프 2세의 제안으로 거액 연봉으로 프라하에 정착하였다네."

호프만 남작은 한숨을 돌리고 흑맥주를 쭉 들이켰다. 그는 이어서 표정을 바꾸어 말하였다. "자네는 그의 프라하 입성을 구경하여야 했어. 그는 프라하로 서커스 단장같이 왔다네. 참으로 장관이었지. 그는 그 자신의 행렬에 좀처럼 혼란을 허용하지 않아 대오는 일사불란하게 움직였지. 마차는 프라하의 칼 대교로 그의 값비싼 도구들을 나르며 삐걱거렸네. 구름같이 모인 사람들! 그는 아내, 자녀들, 하인들, 조수들 그리고 그의 궁정에서 제페라고 불었던 어릿광대 난쟁이 까지 왔네. 그러나 브라헤는 이 모든 것을 장군같이 호령하며 통제하였지!"

마침내 남작의 마차는 프라하에 도착하였다. 프라하는 블타바 강의 양쪽 강눅을 가로질러 큰 대 大 자로 드러누운 보헤미아의 수도이다. 마차가 화강임 갈 대교를 건너자 대교의 양편에는 성자와 왕들의 대리석조상들로 치장되어 있었다. 앞서 케플러는 성 비투스의 대성당의 탑이 높이 걸려있는 것을 볼 수 있었다. 루돌프 2세는 호라드차니 언덕에서 불쑥 솟아오른 성

---

4 크리스티안 4세 (Christian Ⅳ,1577-1648)는 덴마크와 노르웨이의 왕이다.

에서 살았다. 남작이 설명하였다. "브라헤는 이 도시에서 살지 않지. 루돌프 2세 황제가 그에게 북동쪽으로 32km 떨어진 베나트스키 성을 하사하였지. 그곳은 천문학자를 위한 멋진 장소야. 성은 사방이 훤히 내다보는 산언덕에 있어. 브라헤는 자신의 도구로 천문관측을 수행하기 위한 실험실을 만들기 위하여 성을 대대적으로 재건축 하고 있지. "저를 곧바로 거기로 데려주세요." 케플러가 말했다. "참게." 호프만 남작이 조언하였다. "브라헤는 길일과 흉일을 구분하지. 나는 그가 기분 좋은 날일 때, 그를 만나게 하겠네. 참을성 있게 기다리게." 여러 날이 지났다. 호프만 남작이 2월 4일이 알맞은 시간이라고 날짜를 알려주었다. 그는 케플러를 브라헤 성으로 데리고 갔다. 케플러가 드디어 베나트스키 성문으로 들어섰다. 그러자 그는 마치 정신병원에 들어온 느낌을 받았다. 인부들은 벽을 부수고, 창문을 뜯어냈고, 새 방을 꾸몄다. 테라스에 거대한 천문관측 도구를 설치하였다. 깨진 마른 돌가루가 그의 콧등에 도달하였을 때, 케플러의 코가 경련을 일으켰다. 그들이 목재를 타격하자 나무 조각의 파편 소리는 골짜기의 아래로 울려 퍼졌다. 조수들은 이리저리 뛰어다녔다. 브라헤의 명령하는 목소리가 작업장 소음을 뚫고 천둥을 쳤다. 그는 활동상황을 총감독하며 진두지휘 하고 있었다.

브라헤는 천문학의 왕자였다! 케플러가 그 와중에 첫 번째로 인지한 것은 그의 뺀질뺀질한 코였다. 그것은 중심을 가볍게 벗어나 있었다. 케플러는 호프만 남작의 조언을 기억했다. 뚫어지게 보지 마라!

프라하

케플러는 브라헤를 직시(直視)하지 않고 시선을 약간 옆으로 분산시켰다. 이상하게 보이는 코만 제외하면 브라헤는 틀림없는 왕자였다. 그는 장엄한 스타일의 옷을 입었다. 그는 대머리에 건방진 얼굴로 긴 커브 콧수염을 길렀다. 갑자기 브라헤가 무엇을 보았나? 브라헤는 그의 나이의 반쯤 되는 남루한 의복을 입은 젊은이를 알아보았다. 케플러에게는 가난이 결코 넘볼 수 없는 단아한 기품이 넘쳐났다. 브라헤는 케플러의 호리호리한 몸을 커다란 팔을 벌려 가슴에 끌어안았다. 케플러는 거의 숨을 쉴 수 없을 지경이었다. 브라헤는 이번에는 손을 내밀며 악수를 청하였다. 워낙 빡세게 잡아서 손이 얼얼하였다. "나는 자네를 손님으로 맞이하지 않네." 브라헤가 말했다. "자네는 하늘을 연구하는 친구이고 동료야! 어서 와, 내가 자네에게 성을 안내하겠네." 브라헤는 들떠서 이야기하였다. 그는 케플러에게 실험실을 보여주다가 둘째 아들을 불렀다. "아들, 유르겐! 설명해 보거라." 브라헤가 말했다.

먼지와 소음을 벗어나 위층 복도를 따라가니 최종적으로 커다란 창문이 있는 방이 나왔다. 그곳에는 두 사람이 두 테이블을 붙여놓고 그 위의 긴 종이 시트에서 복잡한 계산을 하고 있었다. 구석에는 유명한 글러브가 세워져 있었다. 케플러는 가까이 다가가 손가락으로 차가운 금속을 손으로 만지며 두드려 보았다. 놋쇠 판은 천구로 덮혔다. 틈은 보이지 않았다. 모든 별은 정확하게 브라헤가 결정한 위치대로 주입되어있었다. 하늘의 장관은 믿을 수 없을 정도로 장려하고 화려하게 꾸며져 있었다. "얼마나 값이 나가나요?" 케플러가 물었다. 브라헤가 말했다. "적어도 2,000굴덴이 나가네." 케플러가 부드럽게 말을 받았다. "제가 그라츠에서 10년 동안 벌어도 겨우 살까 말까 합니다."

브라헤는 두 사람을 소개하였다. "캠프의 텡나겔은[5] 내 비서네. 그는 곧 내 딸과 결혼할 것이네." 텡나겔은 케플러를 환영하며 부동의 자세로 앉아있었다. 그는 능력보다 야망이 더 큰 수학자이다. 그는 케플러에게 어두운 의심의 시선을 던졌다. 그는 마치 케플러를 라이벌처럼 의식하였다. 그의 입술은 버릇없이 뿌루퉁하였다.

브라헤는 계속하였다. "다른 신사는 나의 중요한 계산 꾼이네. 롱고몬타누스[6]라 하네.

---

5 탱나겔(F. Tengnagel, 1576-1622)은 베스트팔렌 귀족 출신 천문학자로 브라헤의 사위이자 연구원이다.

그는 나를 위하여 8년간 벤 섬에서 일했네. 그는 조만간 화성궤도를 연구하네." "아, 케플러 씨. 소문은 들었습니다. 만나뵙게 되어서 반갑습니다." 롱고몬타누스는 케플러를 따뜻하게 인사하였다. 그다음 그는 시선을 곧바로 계산에 돌렸다. 그는 눈을 비볐다. 그는 지친 손으로 깃털이 달린 펜을 내려놓았다. "이 작업은 전혀 진척되지 않네!"

케플러는 이미 튀빙겐대학에서부터 롱고몬타누스를 알고 있었다. 그는 가까이 다가가서 기록을 넘겨다보았다. 그러자 브라헤가 갑자기 케플러 앞을 가로막았다. 그는 덩치가 큰 사람인데도 불구하고 아주 재빨리 움직였다. 그는 신속하게 긴 종이 시트를 말았다.

베나트스키 성

6 롱고몬타누스(C. S. Longomontanus, 1562-1647)는 덴마크 천문학자로 브라헤의 연구원이다.

다 감아올린 다음 손아귀에 꽉 집어넣었다. "자넨, 내가 보게 하는 것만을 보아야 하네!" 그는 벼락같이 소리쳤다.

텡나겔이 잘난체 하면서 노려보았다. 무엇이 브라헤를 끓어오르게 하였지? 케플러는 나중에 브라헤는 다른 과학자와 똑같이 철저하게 데이터 관리를 한다는 사실을 알았다. 그의 관찰은 그의 손에만 머물 수 있다. 롱고몬타누스 조차도 화성관찰을 위하여 그의 데이터를 허락을 받고 얻었다.

케플러는 "저는 화성궤도 문제라면 금방 해결할 수 있습니다. 저에게 화성 데이터를 보여주시면 어김없이 계산해 보이겠습니다."라고 거침없이 말했다. 브라헤가 눈이 휘둥그레졌다. "이 데이터는 보물이야." 브라헤가 말하였다. "나는 데이터수집에 일평생을 바쳤어."

브라헤는 케플러에게 완전한 데이터를 주지 않고 오직 잡동사니만 주었다. 그것은 한순간에 한 조각만을 보므로 모든 수수게끼를 풀어내는 퍼즐이나 다름없었다. 브라헤는 모든 사람에게 이것을 해라, 저것을 계산해라, 명령하였다. 물론 케플러는 관측데이터를 원했다. 그는『우주의 비밀』에서 하였던 작업을 검토하기 위한 데이터가 필요하였다.

브라헤는 코페르니쿠스 이론에 한계를 두었다. "태양이 아닌, 지구가 행성체계의 중심이야." 브라헤는 말했다. "어떻게 달이 지구와 계속 도나? 만약 지구 고체가 움직이면, 달은 뒤에 처질 것이야." 브라헤는 코를 만지며 자신의 체계를 가리켰다.

태양이 지구 둘레를 도는 동안, 나머지 행성들이 태양 둘레로 돌고 있는 복합한 배열이었다. 브라헤는 그 스스로가 자신의 체계를 확신하고 있었다.

그러나 그는 케플러를 절반만 만족시켰다. 브라헤는 자신이 해야 할 절반의 과제를 케플러에게 시켰다.

좌절감이 커졌다. 케플러는 명령을 따르는 종으로 온 것은 아니다. 그는 베나트스키 성에 독립과제를 수행하는 공동협력자로서 왔다.

그는 일단 언덕 아래 별장에서 출퇴근하겠다고 하였다. 브라헤는 거절하고 성에서 함께 숙식하며 지낼 것을 요구였다.

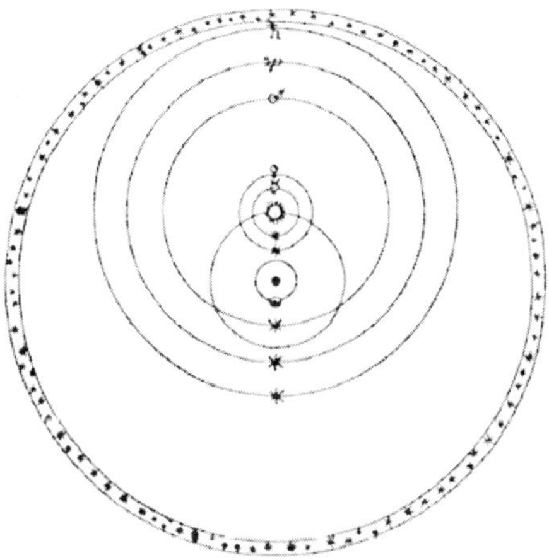

브라헤의 지구-태양 중심체계[7]

7 가장 외곽에 항성천이 있다. 아래의 순서에서 첫 번째 큰 원은 토성궤도, 그 다음은 목성궤도이다, 세 번째로 큰 원은 화성궤도로 그 안에 달이 까만 점으로 표시된 지구를 아주 작은 원궤도로 돌고 있다. 태양은 주위에 수성, 금성, 화성, 목성, 토성이 돌고 있는 가운데, 지구 둘레를 돌고 있다.

케플러는 브라헤에게 자신은 피고용자의 자격으로 결코 갑을(甲乙) 관계에서 협상하는 것은 아니라고 주지시켰다. 연봉협상이 시작되자 브라헤는 갑자기 코 빠진 사람 같았다. 브라헤는 요구 사안을 응하는 대신 대화 방향을 다른 곳으로 돌렸다.

케플러는 견딜 수가 없었다. 다음날 짐을 쌌다. 그는 프라하로 가서 호프만 남작을 찾았다. "이번 일 전체가 제 실수였습니다." 그가 호프만 남작에게 말했다. "저는 브라헤가 관측 자료를 특정 분야의 연구에만 사용하라는 요구를 받아들일 수 없습니다. 같이 일할 수 없을 같습니다."

케플러는 프라하에서 마침 체스키크롬로프 성으로 가는 우편 마차를 발견하고 역참으로 갔다. "브라헤는 과거에 자기 마음에 들지 않았던 다른 조력자를 해고하였다. 나도 거기서 일하다 보면 팽 당할 것이 틀림없어."

그러나 이번에는 달랐다. 브라헤가 모든 자존심을 감수하였다. 브라헤는 빨간 지붕이 있는 예쁜 마차를 타고 순식간에 프라하까지 케플러를 뒤따라왔다. 천문학의 왕자가 수학적으로 자신을 구할 천재를 붙잡으려고 뒤쫓아 온 것이다. 브라헤는 정색하면서 케플러에게 사과하였다. 브라헤는 말했다. "난 자네가 짐을 풀고 나와 같이 성으로 돌아가기 전까지는 이곳을 떠나지 않을 것이네."

케플러도 브라헤의 간절한 간구에 잔뜩 얼어붙었던 마음이 누그러졌다. "저에게도 어떤 실수는 있었습니다." 케플러는 말했다. "기독교인으로서 평화를 위하여 함께 일하도록 노력해보겠습니다." 브라헤는 케플러 도움이 절실히 필요했다. "롱기오몬타누스는 막다른 한계에 이르렀다. 그는 화성 운동을 계산할 수 없어 그것을 달에다 연결하였어. 나는 지금까지 자네만큼 기하학적으로 완벽하게 천체를 구성해낸 천문학자를 보질 못했네. 지금까지 자네의 업적에 비추어보면, 자네는 조만간 저 똥통, 곧 화성궤도를 공략할 수 있을 것이라 믿네."

케플러는 더 이상 기쁠 수가 없었다. 화성은 바로 그가 원하였던 연구였다. "저는 이달이 끝나는 8일 이내에 해치워 버리겠습니다." 브라헤는 케플러의 어깨를 두드렸다. "자네가 상상하는 것보다 길 것이네. 자네가 화성 연구를 착수하기 전에 그라츠로 가서 가족을 데려오게. 내가 자네 이사비용을 대겠네."

브라헤의 많은 친척 가운데 프리드리히 로젠크란츠라는 귀족이 헝가리에서 오고 있었다. 그는 프라하를 거쳐 비인으로 향하는 여행을 계획하였다. 브라헤의 주선으로 케플러는 그의 마차 행렬에 동행하였다. 케플러는 빈에서 곧바로 그라츠로 돌아왔다. 오자마자 개신교도의 상황을 알아보기 대학교회 옆 건물에 놓인 교육관으로 갔다. 그곳은 시시각각(時時刻刻)으로 변하는 페르디난트 대공의 칙령을 전달하는 장소였다. "다른 칙령이 떨어졌어요." 바바라가 설명하였다. 1600년 7월 27일 마침내 그라츠에 페르디난트 대공의 칙령이 공포되었다.

모든 그라츠 남자 시민은 1600년 7월 30일 아침 6시에 교회에 출두하여 종파의 색깔을 분명하게 나타내는 신앙고백을 하여야 한다. 출두하지 않으면 100굴덴 벌금형, 개신교 신앙을 고백하는 경우에는 45일 이내 추방되어야 한다.

이날 아침 페르디난트 대공의 위풍당당(威風堂堂)한 입장으로 신앙 심사위원회의 심사가 시작되었다. 화려한 의식을 거행한 다음에, 심사위원회는 교회 강단 중앙에 테이블을 놓고 심의하기 시작하였다. 가톨릭은 서류심사도 없이 그대로 통과되었다. 심사에 나온 사람들은 불만으로 웅성거렸다. 개신교인은 테이블 앞에 줄을 섰다. 심사위원회는 개신교인에게 지금까지 살아왔던 고향을 떠나거나 개신교를 거부하라는 선택을 강요하였다. 그들의 얼굴에는 땀방울이 맺혔다. 그들은 고통스러운 망설임에서 손을 쥐어짰다.

삼일 동안 테이블 앞에 무수한 심사자명단이 지나갔다. 셋째 날에 케플러가 걸어 나왔다. "당신은 루터 종파의 교의를 부인하십니까?" 신앙심사 위원회 주심이 물었다. 케플러가 말했다. "저는 기독교인입니다. 저는 아주 진지합니다. 종교를 강요하고 싶지 않습니다." "무엄합니다. 올바로 답변하시오." 부심이 엄중하게 경고하였다. 그는 주먹을 테이블 위로 두드렸다. "당신은 선제후 대공의 종교를 수용합니까?" "아닙니다." 케플러가 말했다. "그것은 어려운 결정입니다. 제발 심사숙고해서 답변을 재고해주기를 바랍니다." 케플러가 맞받았다. "저는 신앙과 그리스도의 명예를 위해 모욕당하는 고통이 두렵지 않습니다." 케플러는 그리스도가 구원자라는 믿음을 숨기지 않았다.

그라츠의 검토위원회는 케플러를 붙잡기 위하여 백방으로 노력하였다. 케플러는 3일 동안 지속된 검토위원회에 심의에서 끝까지 가톨릭 개종을 거부하였다. 그들은 다음과 같이 기록하였다. "기대와는 반대로, 우리는 그를 더이상 이 나라에서 붙잡을 수 없게 되었다." 1600년 8월 12일에는 사표를 수리하였다. 케플러에게 중과세가 부과되었다. 누진세를 마련할 수 없어서 그동안 벌어온 가산을 모두 팔았다.

케플러는 바바라에게 장인 욥스트 뮐러에게 이별을 고하라고 했다. 그 늙은이는 인생의 마지막 길에 전 재산을 잃고 떠나니 대공의 종교를 선택하였다. 케플러는 바바라를 위로하였다. "여기보다 더 나쁜 일이 있어요." 그가 말했다. "다름이 아니라 수 개월 전에 로마에서는 지오다노 부르노와 여섯 명의 다른 사람이 로마에서 종교재판을 받고 장작불에 화형을 당했소."

브라헤는 이전보다 더 케플러가 필요했다. 브라헤는 케플러에게 간곡한 메시지를 띄었다. "머뭇거리지 말고 서두르게. 여기로 와서 함께 열심히 일해보세." 무엇보다 황실 수학자로 근무하던 우르시스가[8] 자신의 지구 태양 중심이론에 시비(是非)를 걸고 들어왔기 때문이다. 그는 자신이 그 이론을 먼저 논증하였다고 주장하고 나섰다. 브라헤는 와서 이를 해결해줄 지지자를 필요로 하였다. 롱고몬타누스는 향수병이 도졌다. 프라하의 생활이 그를 지루하게 하였다. 그는 브라헤 곁을 떠나 덴마크로 돌아갔다. 그가 덴마크로 떠나는 마당에 브라헤 역시 고향이 그립기는 마찬가지였다. 소금끼 있는 바다공기 냄새, 해안가 바위에서 부셔지는 파도와 고동 소리가 아쉬웠다. 하지만 롱고몬타누스와 황실의 다른 귀족과는 달리 그의 오만한 성질은 향수병을 누그러뜨렸다.

---

8 우르수스(R. Urusus,1551-1600)는 독일 천문학자로 루돌프 2세의 황실수학자이다.

케플러는 1600년 10월 바바라와 레기나와 함께 프라하로 들어왔다. 그들은 베나트스키 성에서 브라헤 문중(門中) 사람과 함께 생활하였다. 바바라는 몇몇 독일 사람과 친하게 지내긴 하였지만 외로웠다. 90cm의 궁정 어릿광대 제페가 그녀를 무섭게 하였다. 그녀가 말했다. 그는 식사시간에는 언제나 제 식탁 밑에 앉아요. 나를 웃긴다고 내가 말하면 꼭 따라 웃어요. 나를 위한다고 하지만 성가시고 불편하긴 마찬가지예요." "제페는 모든 사람을 웃기게 하지." 케플러는 지적하였다.

바바라는 계속하였다. "그리고 브라헤 아내! 떠도는 소문을 들어보니 그녀는 결혼식조차 올리지 않고 브라헤와 살아간다더군요. 그런데도 너무 으스대요." 케플러는 말했다. "브라헤의 왕족 친척들이 그들의 결혼을 반대하였어. 그녀는 평민이야. 신분상 브라헤와 결혼할 수 없음에도 결혼했다. 그래도 지금은 브라헤의 정실부인이야." 바바라가 말했다.

"난 다른 곳에 살고 싶어요. 저는 끔찍한 제페와 함께 있을 수 없어요. 우리 프라하로 이사할 수 없을까요?" "그러면 좋을 것이다. 그럼 내가 한번 알아볼게." 케플러가 말했다. 그가 브라헤에게 말했다. "저는 거주지를 프라하로 정하겠습니다." "계산 결과를 토론하기 위하여 일주일에 한번 뵙겠습니다. 화성 데이터는 올 때 다시 보관함의 원위치에 갖다 놓겠습니다." 바바라가 마음이 풀렸다. "아주 좋아요. 다른 방법이 없어요." 프라하로 이사하자 이번에는 다른 문제가 발생하였다. "여기는 물가가 아주 비싸요." 그녀가 시장을 다녀온 후 말했다. 케플러도 가계부를 살폈다. "우리가 베나트스키 성에서 살았을 때 브라헤가 방과 식대를 냈지. 여기서 우리는 모든 것을 우리 돈으로 사다 먹어야 해. 여기는 다른 곳보다 물가가 4배나 높아."

바바라는 언성을 높였다. "저를 친정으로 보내주세요. 아버지가 아프시데요." 케플러는 자신의 팔 안으로 그녀를 얼싸안았다. 그녀를 화나게 할 수는 없었다. 그는 그녀를 달랬다. "내가 방문허가를 얻도록 노력해 보겠소. 그 동안 우리는 여기서 잘 머물 수 있을 것이요. 나는 이 방에 책상을 설치하고 매일 당신과 함께 있겠소. 당신은 나에게 당신의 기도 책을 읽어 줄 수 있을 것이요." 그녀는 흐르는 눈물을 닦고 팔을 오그리며 남편의 가슴팍에 파묻혔다. "오, 내 사랑, 당신을 사랑해요!"

브라헤와 케플러는 서로를 존경하였다. 그들이 함께 일할 때 그들 사이에는 철과 부싯돌처럼 불꽃이 튀었다. 그들의 떨어진 거리는 연구 분위기를 개선하였다. 케플러는 자신이 무엇을 하는지 기술하였다. 일 년이 지나자 서가에 계산 서류가 넘쳤다. "어디에 화성에 대한 자네 해답이 있나?" 텡나겔이 어느 날 아침 물었다. 그는 지금 브라헤의 딸과 결혼하였다. 그는 결혼이 자신에게 특별한 지위와 권위가 주었다고 생각하였다. 텡나겔은 브라헤와 똑같이 거만하게 행동하였다. 어쨌든 장인 브라헤는 위대한 천문학자였지만, 사위 텡나겔은 아니었다. "해답은 용케도 나를 피해갔다." 케플러는 인정하였다. "자넨 브라헤에게 8일 이내에 계산할 수 있다고 자랑하지 않았나?" 텡나겔이 그를 상기시켰다. "자네는 자네 자신을 위한 데이터를 만들려고 게으름피우는 것이 아닌가?" 케플러는 대꾸하였다. "자네가 아는 대로, 화성은 가장 까다로운 행성일세. 아마도 자네는 내

과제를 인수하고 싶은 모양이군." 이 말을 들은 텡나겔은 아무런 대꾸 없이 물러나 다른 일거리를 찾았다.

1601년 10월 어느 날 케플러는 브라헤와 더불어 프라하의 로젠베르크 남작9 연회석에 초대를 받았다. 두 사람은 하인을 대동하지 않고 마차를 타고 숲속의 좁은 오솔길을 따라 산언덕에 놓인 로젠베르크 남작의 별장에 당도하였다. 으리으리한 진수성찬에 비인에서 초청된 가수와 악사까지 곁들인 만찬이었다. 브라헤는 평소에도 맛있는 음식은 남기지 않는 버릇이 있었다. 그날 저녁도 예외는 아니다. 그는 두 배의 음식을 접시에 주어 담았다.

연회석의 한구석에는 무도회가 시작되었다. 그는 그 자리에서 움직이지도 않고 소변을 보러 화장실에 가지도 않았다. 그는 방광에 문제가 생긴 것 같았다. 하지만 밤늦게까지 되풀이하여 와인잔을 비웠다. 케플러는 오직 그의 음식만을 찍어 먹었다. 갑자기 브라헤의 얼굴이 붉어지는 것을 보았다. 그의 입술은 고통에서 꼬였다. 브라헤는 테이블에서 일어났다. 그는 웃는 표정을 지으며 몇 마디 변명을 중얼 거렸다. "이거 오늘 너무 많이 마셨는걸!" 그는 식탁보를 잡고 자리에서 일어서려고 비틀거렸다. 하지만 그는 더 이상 고통을 견디지 못하고 연회석 마루 한가운데로 꼬꾸라졌다.

로젠베르크 남작이 신속하게 무도회 가무를 중단시켰다. 황급하게 하인에게 외쳤다. "의사를 불러라." 그들은 브라헤를 침대로 옮겼다. 궁중 전속의사가 왔다. 그는 식단과 약포를 처방

9 로젠베르크(P. W. von Rosenberg,1539-1611) 남작은 뵈멘의 귀족이다.

하였다. 브라헤는 의사의 처방을 따르지 않았다. 인생을 즐기는 대로 살아왔던 그는 이날 죽기로 마음먹은 사람 같았다.

10월 24일 저녁 브라헤는 케플러를 불렀다. "자네 연구에 충성을 다하게." 그는 목구멍으로 열이 치올라오면서 기침하였다. "나를 이어 내 평생 과업을 완수하게." 케플러는 브라헤의 성격에 대하여 겉으로는 불평하였지만 마음으로는 아버지같이 따랐다. 케플러의 심장은 그의 임종 앞에서 곤두박질하였다. 그의 힘 있는 목소리는 약해졌고 귀에 거슬리는 소리를 냈다. 브라헤는 침대에서 죽음과 싸우고 있었다. "나를 쓸모없이 살아간 자로 보지 말아주게." 그는 하인에게 두 묶음의 서류뭉치를 케플러에게 넘기라고 지시하였다. 케플러는 두 묶음의 서류뭉치를 손에 쥐었다.

그는 브라헤가 자신이 소유하였던 가장 큰 보물을 자신에게 주었다는 것을 깨달았다. 두 묶음의 서류뭉치는 브라헤 관찰의 모든 것을 포함하였다. "이것이 내가 평생 동안 수집한 연구자료 일세", 브라헤가 말했다. "완성하게!" 케플러는 그를 안심시켰다. "스승님의 연구 작업을 완성하겠습니다." 그는 약속하였다. 브라헤는 이날 저녁 죽었다.

1601년 11월 4일 브라헤의 장례행렬이 시작되었다, 스산한 가을날씨에도 프라하 거리는 인산인해(人山人海)를 이루었다. 황금으로 장식된 고인의 관에 브라헤의 덴마크 왕실가문의 문장으로 아로 새긴 검은 천이 드리워졌다. 고인이 살아생전에 입고 다녔던 갑옷과 무기를 든 수석 장례위원이 앞장섰다. 황금빛 문자로 고인의 칭호에 생애와 업적을 적은 크고 작은 만장(輓章)이 좌우로 흩날리며 도열(堵列)하였다. 12대의 황실 마차가 운구행렬을 호위하자 모든 장례위원이 격식에 맞추어 뒤따라갔다. 맨 앞에 귀족, 각국대사, 연구원, 유가족, 유명 인사들이 뒤따랐고 케플러는 연구원 자리에 끼어있었다.

틴 교회의 파이프 오르간의 장엄한 레퀴엠 미사곡이 울려퍼졌다. 브라헤 시신은 프라하의 틴 개신교회의 붉은 대리석으로 장식된 중앙 신랑(身廊)에 영원히 안치된다.[10]

천문학의 불사조, 천문학의 메시아로 불리던 그는 그렇게 떠났다. 젊은 덴마크 왕은 크리스티안 4세는 기왓장 하나 남기지 않고 우라니보르그 천문대를 산산조각 부셔버렸다. 아마도 자신의 어머니인 조피 폰 메클렌부르크 왕비[11]와 브라헤 사이에 한때 놓였던 애정 관계 때문에 오이디푸스 동기가 발동하였다. 이해 4월에 브라헤의 집에는 브라헤의 사촌 동생 에릭 브라헤가 숙식하고 있었기 때문에 그러한 복수심에 대한 소문은 더욱 신빙성 있게 들렸다. 케플러는 브라헤 죽음을 애도하는 추모시를 썼다.

망자의 슬픔은 함부로 말하지 말라.[12]

---

10 뵐켈(2006), 96쪽

11 조피 폰 메클렌부르크(S.von.Mecklenburg,1557-1631)는 덴마크와 노르웨이의왕 프레드릭 2세의 왕비이다.

12 de mortuis nil nisi bene.

9. 화성궤도의 비밀과 1, 2 법칙의 『신천문학』

루돌프 2세 황제는[1] 프라하의 흐라드차니 언덕 프라하성에서 보헤미아를 통치하였다. 그는 동물원을 건립하였고 자연사, 천문학, 화학연구에 관심을 돌렸다. 그는 폭넓은 범위의 예술작품을 수집하며 예술과 학문을 장려하였다. 그러자 유럽에 수많은 예술가와 학자들이 프라하로 구름처럼 몰려들었다. 그는 6개국 언어를 자유자재로 구사하면서 어떤 학문영역에서도 능수능란하게 토론하였다. 그는 오직 몇몇 특별한 친구들만이 자신을 알현하도록 허용하였다.

케플러는 프라하에서 화성궤도에 관한 연구를 확실하게 끝내고 싶었다. 그는 루돌프 2세 황제 앞으로 나갔다. 황제의 개

---

1 루돌프 2세(Rudolph II, 1552-1612)는 신성로마제국의 황제이다.

인 시종 장관이자 국가 비서인 바르비츠 남작2은 황제가 거주하는 내밀한 아파트로 케플러를 안내하였다. "황제는 사적인 권리를 좋아하십니다." 바르비츠 남작은 말했다. "국가 업무는 황제의 마음을 도둑질하는 것입니다. 당신을 독대하는 것은 황제 폐하의 특별한 은총입니다. 그대는 폐하의 행동에 놀라지 마시오. 황제 폐하는 걱정이 많은 사람입니다." 케플러는 고개를 끄덕였다. 그는 널리 퍼진 루머를 알고 있었다. 황제는 통치 의욕을 잃었다. 대신에 바르비츠 남작과 다른 궁정 장관이 중요한 결정을 도맡아 하면서 제국을 말아먹는다. 로젠베르크 남작도 그중 한 명으로 브라헤가 급작스럽게 죽기 일주일 전에 극비리에 황제와 독대(獨對)하였다는 소문도 나돌았다.

케플러는 왕궁의 블라디슬라브 홀을 지나 비밀아지트 계단으로 이어지는 작은 예배당으로 들어섰다. 거기에는 아무 누구도 없었고 십자가만 홀 중앙에 있었다. 예배당 설교단으로 들어오는 문으로 작은 통로의 벽이 이어졌다. 케플러는 남작의 안내로 이 통로를 따라 은은한 황금빛 문에 당도하였다. 문에는 가느다란 은빛 찬란한 현이 위층과 아래층을 연결하고 있었다. 어떠한 미세한 소리라도 아래층에서 위층으로 전달되는 공간구조로 설계되어있었다.

문 안의 아파트로 들어서니 화려한 대형 초상화를 배경으로 벤치에 앉아있는 호리호리한 사람이 보였다. 그 남자는 차갑게 보였다. 그는 어깨너머로 걸쳐진 소울을 입고 두개골 모자를 쓰

2 요하네스 바르비츠(J. Barwitz,1555-1620)는 루돌프 2세 황제의 시종관이다.

고 있었다. 이자가 루돌프 2세 황제이다. 그는 유럽에서 가장 강한 남자이다. 왕관 대신에 두개골 모자를 쓴 그의 얼굴을 창백했고 굳었다. 그의 눈은 공허한 허공을 찌르는 듯 열광적으로 빛났다. "여기 가까이 와서 벤치 자리에 앉아라." 황제는 말했다.

케플러는 황제에 대한 존경에서 무릎을 구부리고 우측 손으로 예를 취한 다음 곧바로 벤치에 앉았다. 루돌프 2세 황제의 목소리는 구슬픈 음표를 그렸다. "우리 친구 브라헤가 저세상으로 갔어." 케플러가 말했다. "저는 이 순간에도 제 어깨를 두드리며 격려하는 그의 목소리를 듣는 듯합니다. 하나님은 저에게 그라츠를 떠나게 하셨고 그의 조수가 되게 하셨습니다. 그의 관측 데이터는 모두 제 수중(手中)에 있습니다. 저는 작품을 완성할 때까지 그들을 포기하지 않을 것입니다!" "누가 또 그대의 관측 데이터를 가져가려 한단 말인가?" 황제가 물었다. "텡나겔은 그 자신을 위한 소유권을 주장하기 위하여 데이터를 사용할 수 있다고 생각합니다. 그러나 그의 작업에는 어떠한 이론전망도 들어있지 않습니다." 케플러는 계속하였다. "텡나겔은 여물통 앞의 잡종 개 같습니다. 그는 건초를 혼자만 먹으려 합니다. 그는 나른 사람이 먹으려고 하면 접근하지 못하게 막습니다. 그는 브라헤의 데이터를 원합니다. 그러나 그는 그가 한때 가졌던 데이터로 아무 것도 한 것이 없었습니다. 나아가 그가 무엇을 했는지도 모두지 알 길이 없습니다. 저는 화성궤도를 밝혀내려는 의도를 포기할 생각이 없습니다. 그 때문에 브라헤 스승님은 저에게 친필사인으로 그들을 넘겨주셨습니다!"

황제가 말했다. "짐은 그대의 『우주의 비밀』을 읽었다. 브라헤의 데이터는 그대의 아이디어를 참이나 거짓이라고 증명하지 않았던가?" 케플러는 말했다. "코페르니쿠스의 태양 중심 체계는 의심의 여지가 없습니다. 지구는 그 체계에 맞추어 잘 돌아갑니다. 지구는 하늘에 떠있는 한 행성에 불과합니다. 그러나 브라헤의 체계에서 태양은 지구 위에 안경코걸이처럼 걸려있습니다. 저는 그의 기하학적 도형배열에서, 브라헤의 데이터가 제 체계를 박살낼까 두렵습니다. 태양과 지구의 위치는 서로 뺏다 끼우기만 하면 빈틈없이 보이지만 바꿔 놓으면 아무래도 의심이 가기 때문입니다. 그것은 직감, 갑작스런 영감 때문입니다. 제가 브라헤에 연루된 데이터를 완벽하게 해석하기 전까지는, 제 직감이 옳았는지 틀렸는지를 알 길이 없습니다."

"그대는 직감으로 본다!" 황제는 믿을 수 없다는 듯 놀라운 얼굴로 말했다. "그것이 그대의 자연철학 정신인가?" 황제는 놀려댔다. 케플러는 말했다. "저는 직감을 믿습니다. 모든 직감이 반드시 옳지는 않습니다. 하지만 인간은 하나님의 이미지와 같고 하나님을 마음을 닮으려 한다면 진리에 이르는 길을 찾을 수 있습니다. 직감은 인간이 하나님과 같이 세계장식에 관한 문제에서 인간과 세계 사이를 이어가는 고리입니다." 황제의 입가에 옅은 미소가 번졌다. "그대가 아는 대로, 브라헤 후임은 필요하다."

케플러는 말했다. "누가 제국의 수학자가 되는지는 상관이 없습니다. 저는 제가 폐하를 가까이 모시면서 화성에 관한 작업을 완성할 수 있도록 허락해주시기를 희망합니다." 황제는 놀라는 눈치였다. 하지만 곧바로, "그대의 자격은 충분하다." 그가 말했다. "황실 정원으로 가세. 짐이 그대에게 보여줄 동물 왕국이 있다." 그들은 철통같은 외길로 걸어 외부로 이어지는 문으로 나섰다. 황실 마차가 대기하고 있었다. 그들은 마차에 올라 황실 여름 궁전인 벨베데르 궁전으로 향했다.

황제의 예술 수집 장소를 지나갔다. 케플러는 열린 황실 마차 문을 통하여 각종 보물을 눈요기하였다. 진주 음악상자, 수공 공예, 째깍째깍 요란한 시간을 내는 시계, 그리고 천문학적 도구들도 있었다. 케플러가 물었다. "브라헤의 관측 도구들은 어쩌실 것입니까?" 황제는 말했다. "짐이 구매할 것을 제안하였네. 그러나 황실 금고는 텡나겔이 요구하였던 가격을 맞출 수 없었네. 그는 내가 지불할 것 보다 훨씬 더 많은 값을 원하네." 케플러는 당대 최고가의 관측 도구들을 생각하였다. 그들은 베나키 성의 창고에서 먼지로 쌓여 있다가 최근에 벨베데르 궁전 상궁과 하궁에 나누어 옮겨놓았다. 브라헤의 놀라운 사분원, 아름다운 글로브, 넹나셀은 너 많은 돈을 빋으려 흥정히고 있다. 그들을 제대로 사용하고 운용하지 않으면 기계 부분은 녹슬고 밝은 표면의 기록은 알아보기 힘들어진다.

루돌프 2세 황제는 여름 궁전 정원에 많은 동물을 사육하였다. 케플러는 처음으로 사자를 보았다. 그는 먹이 사슬의 끝에 자리 잡고 있다. 사자는 의심으로 눈이 노래질 때까지 그들을 쏘아보았다. 황제는 두려움 없이 그의 목을 긁었다. 케플러는 어쨌든 먼발치에서 황제와 사자를 바라보았다. 재미있는 것은 충직한 코끼리였다. 코끼리는 그의 손으로 주먹밥을 받아먹었다. 황제는 작은 원숭이 한 마리를 들어 등에 올렸다. 그놈이 케플러의 어깨 위로 넘어왔다. 그리고 잘난 체하는 목소리로 재잘거렸다. "이놈은 제가 한때 배웠던 천문학 교수님과 완전히 닮았습니다." 케플러가 말했다. 황제가 가볍게 웃었다. 그는 실내 모자를 벗었다. 그리고 그것을 그놈 머리에 씌었다. "아마도 짐이 이놈을 고문관으로 승진시켜야 하겠다!"

케플러는 여러 제후들과 같지 않게 황제가 매우 순수한 점에 대하여 놀랐다. 왜 그들은 그렇게 많은 시간을 전쟁을 음모하는데 보낼까? 왜 그들은 백성에게 불행을 가져오는 칙령에 시간을 보낼까? 왜 통치자는 학문을 진흥할 수 없으며, 아름다운 정원을 꾸밀 수 없으며, 놀랍고 이상한 동물을 위한 동물원을 짓지 않는 것일까? 만약 황제가 미쳤다면, 제후들은 더 많이 미쳐야 할 것이다!

케플러는 황제와의 알현을 마치고 신도시에 있는 집으로 말을 몰았다. 그날 밤, 바르비츠 남작이 호위무사(護衛武士)가 딸린 시종(侍從)들과 함께 케플러 집을 방문하였다. "내가 여기 왔네." 남작이 설명하였다. "폐하는 그대를 제국의 수학자이며 브라헤의 후계자로 지명하셨네. 내가 황실 수학자의 관인 도장을 갖고 왔으니 그대는 제국의 수학자의 임명장을 받으라!" 바르비츠 남작은 시종이 가져온 얼룩선 무늬 상자를 탁탁거리며 열었다. 그는 알록달록한 색깔의 리본으로 장식된 황금메달을 조심스럽게 끄집어냈다. 그는 케플러의 목둘레에 메달을 걸고 황실수학자를 임명하는 수여식을 거행하였다.

케플러는 무거운 메달을 높이 들어 올렸다. 제국의 황실 수학자! 브라헤가 한때 이것을 달았지. “하나님은 일평생을 통틀어 한번 있을까 말까하는 기회를 나에게 주셨다.” 남작이 황금빛 비단으로 밀봉한 계약서류를 내밀었다. 서류상에 나오는 봉급은 좋은 액수로 적혀있었다. 그러나 모든 다른 궁정 관리들과 같이 케플러는 서류상의 일부금액만을 수령하였다. 케플러는 돈이 들어있는 얄팍한 가죽가방을 그녀에게 넘겨주었다. 그녀는 불평하였다. 바바라는 매달마다 돈이 떨어져 간다고 투정하였다. “생활비가 너무 많이 들어요. 이 급여로는 충분하지 않아요.” 그녀가 말했다. 케플러는 그녀의 손을 잡고 말했다. “내가 황성으로 가서 황제께 밀린 봉급을 청원하리다.” 궁정 업무는 천천히 돌아갔다. 짜증났다. 업무추진에 대한 정당한 대가에 대한 요구이다. 이번에는 돈이 든 금빛 서류봉투도 받았다. 밀린 봉급 일부만을 수령한 것이다. 그것만으로도 바바라를 만족시켰다.

1602년 7월 9일 바바라는 케플러에게 계집아이 수잔네를 안겼다. 케플러는 화약고 부속선물에서 황실 수학자의 공식 업무를 시작하였다. 이제껏 유일한 한 사람에 의하여 기도된 가장 길고도 헌신적인 연구의 바탕에서 하나의 새로운 연구가 출발하였다. 그는 몸과 마음을 다하여 업무에 전념하였다. 그것은 화성궤도 계산이었다. 그는 롱고몬타누스가 실패하였던 곳에서 성공이 있다고 생각하였다. 결국 하나뿐인 해결은 있을 수 없다. 화성궤도는 하나님만이 이해할 수 있는 신비일 것이다. 하나님의 계획이 없는 창조는 없다. “자연 세계를 지배하는 법칙은 인간 정신의 이해범위 안에 있다.” 그는 행성 궤도에 대하여 전임자들이 하였던 작업을 반복하였다.

케플러는 밤늦게 일하다가 집에 돌아오면 곧장 이층의 서재로 올라갔다. 연구시간에는 다른 신경을 쓸 수 없었다. 레기나가 음식을 날라 그의 책상 위에 살짝 올려놓았다. 밤마다 촛불이 타 내렸다. 타들어가는 초의 기름 연기가 방안으로 펴졌다. 밤의 정적이 왔다. 들을 수 있는 것은 쥐들이 돌아다니는 소리와 페이퍼 위로 긁적거리는 펜소리뿐이었다. 프라하에서는 그들 이외에는 그의 대작업의 연구범위를 이해하는 사람은 아무누구도 없었다.

화성은 행성들의 독불장군(獨不將軍)이다. 화성은 등급을 변화시켰다. 그 때문에 그것은 코페르니쿠스에게 감명을 주었다. 그놈은 한번 공전에 687일이 걸렸다. 그러나 그 시간에 화성이 내는 빛은 라이벌 목성보다 더 희미하게 바래져 갔다. 이 현상을 무엇으로 설명할 수 있을 것인가? 코페르니쿠스 체계에서 보자면, 프톨레마이오스 체계는 그것을 설명할 수 없다. 프톨레마이오스 체계에서 보자면, 화성은 지구 둘레로 원 궤도로 여행한다. 그것은 모든 시간에 동등한 등급으로 있어야 함을 의미한다. 코페르니쿠스 체계는 이것을 어떻게 설명하였나? "화성과 지구는 둘 다 태양 둘레로 공전한다." 그는 설명한다. "지구는 화성보다 빨리 간다. 두 행성은 어떤 시간에는 가까워진다. 어떤 시간에는 멀어져간다. 화성이 한번은 밝아진다. 다른 한번은 희미해져 간다."

케플러는 계산해보았다. 화성이 687일에 한번 공전하는 사이에 지구는 화성을 따라가기 위하여 730일을 돈 다음 43일을 빼야 같은 자리에서 만났다. 이것을 계산으로 적으면 687=365×2-43이다. 케플러는 롱고몬타누스가 내버려 두었던 데이터 계산을 다시 하였다. 그는 롱고몬타누스같이, 화성은 일정한 속도에서 태양 중심을 원 궤도로 여행한다고 가정하였다. 그러나 계산은 딱 떨어지지 않았다. 그 궤도는 명백하게도 태양 중심에서 돌지 않았다. 화성 또한 일정 속도로 여행하지도 않았다. 그러자 갑자기 기상천외(奇想天外)한 생각을 떠올렸다. “첫째, 지구가 매년 공전에서 자신의 속도를 변화시키며 마음대로 돌면 어떻게 되나? 둘째, 만약 지구궤도가 태양 중심으로 돌지 않으면 어떻게 되나? 지구가 불규칙하게 돌면, 화성궤도의 운동방식을 고쳐서 계산하여야 할 것이다.” 움직이는 지구에 화성궤도를 맞추자, 계산은 또 다시 뒤죽박죽이 되었다.

케플러는 난처한 마음을 추스르기 어려워서 음식도 먹지 않고 거리로 나섰다. 길거리의 사람들은 황실 수학자에게 예의를 갖추어 인사하였다. 그는 대꾸도 하지 않고 블타바 강변을 걸었다. 어떻게 하든지 지구 궤도의 참된 본질에 관하여 만족할 만한 답변을 얻어야 한다. 결국, 그는 단순한 해결책을 떠올렸다. 브라헤의 데이터를 뒤졌다. 화성은 정확하게 687일이나 떨어져 있었다. 그는 브라헤가 1585년에서 1595년까지 10년에 걸쳐 기록한 관찰 데이터를 순서에 따라 재차 확인하였다. 화성은 이와 같은 날들의 궤도 가운데 같은 자리에 있다. “이 자리에서 화성이 멈추었다!” 그는 지구궤도가 화성에 있는 천문학자에게 어떻게 보일 것인지를 상상해보았다.

그는 튀빙겐대학 시절 천문학 수업에서 제출하였던 리포트를 떠올렸다. 당시 그는 달 위에 있는 천문학자의 눈에 태양체계가 어떻게 보일 수 있는지를 기술하였다. 어린 시절에는 감자밭에서 들쥐의 공격을 막기 위하여, 밭, 들쥐, 망루를 삼각형으로 연결하였다. 커서는 이 방법으로 태양과 화성과 지구 사이의 각과 거리를 구하였다. 그는 코페르니쿠스 체계에서 지구궤도가 중심을 벗어난 원으로 보인 점을 의아해 하였다. 지구는 겨울에 여름보다 더 빨리 운동하였다. 그는 지구 궤도에 한 점을 찍고, 체계에서 일어나는 과정을 역산하였다. 그리고 지구의 365일 공전을 관찰하였다. 이 지점이 지구를 "멈추게 하였다."

그는 그 자리에서 화성궤도가 어떤지를 들여다보았다. 그는 그 지점도 지구궤도 같이 중심을 벗어난 원이라는 확신이 들었다. 그는 70번이나 지루한 시행착오를 반복하였다. 그의 계산 노트는 900페이지를 넘겼다. 결국, 그는 한 원을 발견하였다. 그는 떨리는 손으로 다른 점들을 체크하였다. 그러나 두 점이 원의 중심에 모이지 않았다. 그는 의자 뒤로 몸을 젖혔다. 거의 기진맥진(氣盡脈盡)하였다. 화성은 호의 8분에서 원의 형태를 잃어버렸다. 그것까지가 원의 최종 모습이었다. 그것은 더 이상 원으로 작동되지 않았다.

케플러가 무엇을 하고 있는지 이해했던 사람은 독일 천문학자 오스트프리스랜드의 다윗 파브리키우스였다.[3] 파브리키우스는 이미 1596년에 고래자리에서 331일 주기로 밝기를 변경하는 '미라'라는 별을 발견하였다. 그는 이 별이 고래자리에서

---

3 파브리쿠스(D. Fabricius,1564-1617)는 독일 천문학자이다.

밝기를 변화시켰다는 점을 발표하였다. 그것은 천문학계를 충격으로 빠뜨렸다. 그의 발견은 엄청난 흥분을 불러일으켰다. 그때까지 천문학자들은 별빛의 밝기는 불변이라고 생각하였다. 그러나 '미라'의 밝기의 주기변화는 하늘이 영원불변이 아니라는 사실을 말해주기에 충분한 사건이 되었다. 파브리키우스는 프라하를 여행하는 동안 황실수학자를 방문하였다. "오직 8분!" 다윗 파브리키우스는 목소리를 높였다. 그는 손가락 사이로 엄지와 검지를 들어 올렸다. "이 크기가 멍텅구리의 똥통의 길이다! 사람들은 이것은 무시하여도 좋을 것으로 생각하였던 같다."

케플러는 대답하였다. "프톨레마이오스나 코페르니쿠스조차도 8분 실수를 간과하였네. 그러나 브라헤는 아니었어. 아니지. 그에게 이런 길이의 오류는 아예 문제 밖이었어. "무엇이 해답인가?" 파브리키우스가 물었다. 케플러가 말했다. "결론은 아주 간단하네. 화성궤도는 원일 수 없네." "자네는 균일한 동심원(同心圓) 원운동을 서버렸군. 지금 자네는 원을 비리고 천문학자가 받아들일 수 없는 집한 채를 깨끗이 청소하는군." 그는 종이 시트 위에 커브를 스케치 하였다. 한 끝에 자리 잡고 다른 끝에서는 둔화되었던 한 달걀모양 커브가 그려졌나.

파브리키우스가 물었다. "자넨 타원(橢圓)을 고려하나?" "모르겠어." 케플러가 시인하였다. "난 그것을 무시했어. 만약 행성궤도에서 타원을 취한다면, 아르키메데스나 다른 희랍 수학자들의 누군가 한명은 수세기 전에 그것을 먼저 발견하였겠지. 그들은 타원 속성의 전문가잖아." 타원은 달걀모양 같다. 오직

각 끝에서만 점이 찍힌다. 타원은 두 "중심"을 가지며 그들을 둘다 '초점'이라고 부른다. 타원의 한 커브의 초점은 다른 한 커브의 초점에 대하여 이심원(離心圓)을 지닌다.

그들은 영국 엘리자베스 여왕의 궁정 의사인 윌리엄 길버트4가 최근에 출간한 책으로 자연스럽게 화제를 돌렸다. "자넨 길버트의 『자기에 대하여』를 읽었나?" 케플러가 물었다. 응. 확실히 읽었네." 파브리키우스가 말했다. "그러나 천문학과 의학의 연관성은 어디에 있나?" 그가 뒤이었다. 케플러는 서재의 금고를 열어 묵직한 U자 모양의 철을 꺼냈다. "지남철(指南鐵)이로군." 파브리키우스가 말했다.

그는 여러 개의 철사못 뭉치를 지남철 부근에 갖다 댔다. 못들이 흔들거리면서 한 개가 공기 중으로 점프하여 지남철에 찰가닥 달라붙었다. 뒤이어 다른 것들도 옮겨갔다. "그래서?" 파브리키우스가 물었다. "행성이 운동하는데, 그들의 운동을 일으키는 원인이 무엇인지 궁금하지 않나?"

케플러가 물었다. "그것은 내 아이디어인데, 만약 사람이 어느 곳에선가의 공간에 두 지남철 돌을 갖다 놓았다고 해보세. 그들은 서로 멀리 떨어진 다른 물체에 대하여 자석같이 잡아당기지 않겠나? 이것이 달과 지구 사이에, 조수가 달에 의하여 끌어 당겨지는 이유를 설명할 것이네." "왜 바닷물은 철벅거리기만 하고, 달까지 끌려 올라가지 않지?" 파브리키우스가 이의를 들어 올렸다. "정확하게는 지구가 그 자체로 물을 붙잡고 있는 것을

---

4 길버트(W. Gilbert,1544-1603)는 영국 의사이다.

제외하고는 아주 미세하고 미세하지만 그 힘이 일어나네. 조금 전에 지남철에 못이 달라붙는 것을 본 대로네. 슬로우 비디오로 보았다고 생각하시면 되네. 태양 역시 힘을 갖지. 그힘이 행성을 움직이도록 하네. 이 힘은 태양으로부터 멀리 퍼져나가면 나갈수록 약해지네. 이것이 화성속도와 등급이 변하는 이유까지도 설명하네. 만약 화성이 태양 근처에 있으면, 그것은 강한 인력에 기인하는 속도를 낼 것이네."

파브리키우스는 머리를 흔들었다. "나는 자네가 천문학 연구에서 물리적 원인을 파고들지 말 것을 충고하네. 운동을 기술해보게. 무엇이 그것을 야기하고 왜 작동되는지를 설명하려 들지 말게." 파브리키우스가 떠나자 케플러는 다시 달걀과의 전투로 돌아갔다.

케플러는 1604년 중엽, 달걀 궤도는 어디에서도 작동될 수 없는 허수아비라는 것을 알았다. 그는 행성의 달걀 궤도 연구에서 빈번하게 부딪치는 데이터의 불일치에 낙담하였다. 그는 황제에게 보고서를 올린 다음 일단 그 문제는 접었다. 대신 가을에 구도시의 배쩰 대학 근처로 이사하였다. 그동안 지금까지 쉬지 않고 해온 오랜 작업이 건강을 해쳤다. 그는 새집으로 이사해서 주소를 바꾸면 마음이 새로워질 것이라고 믿었다. 아내는 아들 프리드리히를 낳았다. 케플러 가족은 바바라 사이에 5살 수잔네, 3살 프리드리히, 처녀티가 나는 레기나와 더불어 5명으로 늘어났다.

때를 맞추어 카타리나가 그녀의 유명한 아들 제국의 수학자를 보기 위하여 바일데어슈타트에서 프라하로 왔다. 그녀는 손자 손녀들을 보고 싶었다. 황실 수비대에서 근무하는 동생 크리스토퍼 부부도 케플러가 사는 집으로 놀러왔다. 오랜만에 가족들이 모두 모인 자리를 위하여 블타바 강가의 한 남작의 빌라를 빌렸다. 모든 가족은 캄파 섬에서 황실 수비대에서 제공한 대형텐트를 치고 함께 모여 칵테일 파티로 즐겁게 마시며 놀았다. 케플러는 아이들을 위하여 보트를 타고 칼 대교 다리를 한 바퀴 돌았다.

케플러는 천구에서 기대될 수 있는 놀라운 사건을 계산하고 황제에게 보고하였다. " 제 계산은 1604년 10월 10일에 목성과 토성은 서로에게 가까이 근접하여 지나가는 것을 보여줍니다. 루돌프 2세 황제가 시종 장관에게 지시하였다 "저녁때 쯤 북 정원에서 연회를 개최하도록 하여라." 황제가 각료에게 말했다. "우리 모두 정원으로 나가자. 그리고 거기에서 그것을 관람하자. 우리가 그것을 보므로 대다수 백성의 공포를 진정시킬 것이다." 루돌프 2세 황제, 케플러. 바르비츠 남작 그리고 다른 궁정 관료들은 떼를 지어 북 정원으로 이동하였다. 그들은 구름 속에서 별들의 향연의 개시를 찾았다. 그러나 밤에 어두운 구름이 프라하의 하늘을 덮어서 그들을 발견할 수 없었다.

1604년 10월 11일 여명, 새벽녘에 황실의 기상담당관 부르노브스키는 신성을 관찰하였다. 그는 잠들고 있던 케플러를 깨워 신성을 관찰하였다는 보고를 한다. 그는 팔로 케플러를 껴안고 밖으로 나갔다. "셋째별이 나왔어요!" 그가 외쳤다. "그것은 목성보다 밝아요! 이것은 무엇을 의미합니까? 세계의 종말입니까?" "조용히 하세요." 케플러가 말했다. "난 구름 속에 있는 그들의 마찰을 탐지했어요. 제 육안으로 목성과 토성을 보았습니다. 그들은 아주 가까이 접근했습니다." 부르노프스키가 말했다. "우리는 두 행성이 아주 가까이 붙어 있다시피 한것을 보았어요." 케플러가 말했다. "그 주변에는 주목할 만한 것들이 없소." 그가 말했다. "예, 그러나 저는 그들 다음에 셋째별을 보았습니다. 그것은 다이어몬드처럼 태양빛 광휘로부터 빠져나왔어요. 모두 무지개 색깔입니다. 그것은 소름이 끼치도록 투명하였어요!" 궁정관리가 말했다. "이것은 그리스도의 두 번째 재림의 표시일 수 있습니다." 케플러는 경고하였다. "얼토당토않은 표현으로 황당무계(荒唐無稽)한 말을 하지 마시오. 그릇된 풍문은 일반 백성에게 공항 장애를 일으킬 수 있단 말이오." 케플러가 말했다. "성서는 표징을 말합니다. 이것은 신성일 것입니다. 하나의 새로운 별로 브라헤 자신이 보았던 것과 똑 같을 것입니다."

케플러는 하늘을 보았다. 구름이 시야를 가렸다. 일주가 지났다. 결국, 케플러는 자신의 눈으로 신성을 보았다. 10월 17인 밤하늘에 뱀주인자리 근처에서 3개의 외행성, 토성, 목성, 화성이 아주 가까이 함께 나타났다. 그런데 한 별이 네 번째로 다가왔다. 그 별은 화성과 같이 밝게 빛났고, 대양빛에 들이와시 용호상박(龍虎相搏)하듯이 각가지 빛으로 반짝거렸다. 그는 눈을 깜박거렸다. 두 번 세 번, 자꾸만 보았다. 그러나 그것은 여전히 반짝거렸다. 그 별은 바로 하늘 자체에서 한 구멍을 태우는 것으로 보였다. 그 빛은 금성보다 더 밝게 빛났다. 그것은 낮 시간에도 볼 수 있었다. 케플러는 그의 장소를 구획하고 위치를 지정하였다. 이것은 무엇을 의미하였나? 그는 잴 수 없었다. "하늘의 사인은 많은 징조를 보여준다." 이 사건이 무엇인가를 말하는지는 여전히 인간에게 알려지지 않았다. "이것은 베들레헴의 별이 예수의 말구유로 동방박사들을 인도하였을 때와 같은 별임에 틀림없다." 케플러는 생각하였다. "혹은 아닐 것이다. 그들의 별빛은 동방박사를 따라 움직였다. 그러나 이들은 정지해 있다."

별들의 대 연접 사건을 두고, 우주 지속에 관한 신념, 비판적 지성, 심각한 설교, 최종 심판의 날, 오스만 터키의 멸망, 등, 각종 유언비어가 나돌았다. 조선왕조실록에도 1604년 이 신성에 대하여 "객성이 전갈자리인 미수의 북극성 110도 위치에 나타났다."라고 기록하였다.

궁성에서는 루돌프 2세 황제를 비롯하여 전 각료들이 제국의 수학자의 학문적 소견을 기다렸다. 케플러는 보통사람의 미신적인 두려움을 잠재우기로 하였다. 그는 라틴어로 쓰는 대신에 보통사람이 읽을 수 있는 독일어로 썼다. "보통사람은 시야(視野)의 깊이의 의미를 이해하기 전에 미리 두려움을 느낀다. 그것은 하나의 새로운 별이다." 그는 적었다. "어떤 이유인지 몰라도 한 별은 갑작스럽게 밝아진다." 그는 천문학적 현상으로서, 광휘의 감소, 반짝거리는 색깔, 거리, 신성의 질료 등을 지적한다. 그리고 그는 그것을 붙박이별들 세계의 일부라는 소견을 제시한다. 1605년 3월 23일, 그 시각, 유럽에서 가장 동쪽에 위치한 조선의 경복궁(景福宮)에서는 월식의 구제의식이 치러졌다.[5]

프라하 시는 1607년 9월 축제 기간에 야간 폭죽을 기획 하였다. 케플러의 의붓딸 레기나는 17세의 어엿한 처녀로 자랐다. "아빠, 그거 좀 보러가요." 아리따운 레기나가 아빠의 팔을 끌어당기며 말했다. 케플러가 동의하였다. 수잔네와 프리드리히도 함께 "몰다우 강 칼 대교로 걸어가자. 거기가 폭죽을 보는데 아주 좋은 자리야." 레기나가 말하였다. "아빠! 이곳 사람들은 블타바 강이라 불러요. 이 강은 여기서 북쪽으로 흘러 엘베강과 합류하여 독일을 거쳐 북해로 들어가죠?" "그럼!" 보헤미아는 일찍부터 여러 민족이 들어와 살았지만 지금은 신성로마제국의 황제가 프라하로 도읍을 정하였다. 케플러는 보헤미아가 프라하를 중심으로 통일왕국으로 자리 잡게 된데 대하여 다행으로 생각하였다. 스케줄에 따라 폭죽 전시가 시작되었다. 로켓이 쉿 소리를 냈다. 별이 터지며 튀었다. 공기는 탄 불꽃가루로 뒤 덥혔다. 군중의 숨소리는 '아흐', '오호', '아하'로 바꾸었다. 수잔네와 프리드리히는 깜짝 놀라움으로 밤하늘의 경이를 바라보았다. "보아라." 레기나가 말했다. 그녀는 온갖 색깔을 발하며 빛을 터뜨리는 바람개비로 불꽃을 가리켰다. 행사 이후에, 그들이 팔을 잡고 집으로 걸어갔다.

이때, 케플러는 머리 위로 별들을 보았다. 근곰자리의 일곱별이었다. 이것이 무엇이냐? 그는 흐릿한 빛을 보았다. 안개인

---

5 『조선왕조실록』 선조 38년. "5경에 개기월식을 하였다. 대궐 뜰에서 월식을 구제하는 의식을 행하였다. 승지 1명, 사관 2명이 관상감 관원 5명을 거느리고 오방에 장막을 쳐놓고 각각 깃발 1개에 창과 칼 5개를 설치하여 공인으로 하여금 징을 치게 하다가 달빛이 동그랗게 된 뒤에 파하였다."

가? 그의 심장이 더 빨리 뛰었다. 아니다. 혜성이다! "봐라. 혜성이다." 그는 바바라에게 말했다. 그는 레기나와 아이들에게 그것을 가리켰다. "보아라. 그것이 하늘에서 탄다." "그것은 불꽃의 일부인가요?" 레기나가 물었다. "사람이 만든 불꽃이 아니다." 그가 말했다. "그것은 일종의 하나님의 불꽃이다." 그는 혜성의 위치를 계산하기 위하여 급히 집 안의 서재로 달려갔다. 브라헤의 관측 자료를 뒤졌다. 그는 그 꼬리가 항상 태양에서 멀어져가는 혜성이라는 것을 알았다. 그는 곧장 이 혜성에 관하여 독일어로 적기 시작하였다. 케플러에게 알려지지 않았던 이 혜성은 커다란 화염으로 예정되었다. 케플러가 이때 적은 기록으로 이 별은 100년 후에 핼리라는 명칭으로 불리게 되었다. 영국천문학자 에드문트 핼리6는 어떻게 이 혜성이 정확하게 75년 전에 왔는지를 조사하였다. 핼리는 1682년에 이 혜성을 보면서 1531년의 보고서에도 기록을 발견하였다. 그는 이들은 세 개의 다른 혜성이 아니라 동일한 혜성이라는 결론을 내렸다. 그는 이 혜성이 1758년 다시 돌아올 것을 예견하였다. 그가 왔다. 그때 이래로 이 별은 핼리 혜성이라 불렀다. 많은 후진적인 사고에 빠진 사람들은 혜성의 출현을 전쟁과 질병의 예언적 조짐으로 생각하였다.

케플러는 정신을 가다듬어 다시 화성 궤도를 연구하였다. 그는 화성궤도에 대한 고정관념을 버렸다. "나는 그 관찰을 말할 수 있게 될 것이다." 그는 화성궤도를 면밀하게 검토한 다음

---

6 에드문트 핼리(E. Halley,1656-1742)는 영국 천문학자이다.

궤도에 20개 정도의 점을 조심스럽게 찍었다. 그들 둘레로 한 원을 그렸다. 그것은 맞지 않았다. 그것이 그렇게 되지 않을 것이다. 그는 얼마나 많은 원의 점들을 잃어버리게 되는지를 측정하였다. 모호하게 개수를 생각하였으나, 정확하지 않았다. 그 다음 1605년 부활절쯤 그들 모두를 한 장소로 모았다. 놀랍게도 하나의 타원이 빠져 나왔다! "아하!" 케플러의 한숨 소리는 담을 넘어 옆집 거실에서도 들을 수 있었다. 그는 활짝 웃었다. "나는 마치 잠에서 깨어난 것처럼 느낀다. 아, 나는 얼마나 바보스러운 새장의 새였단 말이냐? 이것은 복합적 원들, 주전원들을 모두 휩쓸어버렸다." 각 행성을 위한 하나의 타원궤도가 프톨레마이오스의 70 개의 원을 대치하였다. 일당 칠십이었다.

그는 씩 웃었다. "오, 얼마나 오랜 시간 동안 눈물을 흘려가며, 소용돌이, 루프, 헬릭스를 구성하기 위하여 마음에만 존재하였던 것을 대리 주전원에 대하여 에너지를 낭비하였던고!" 그는 화성궤도의 문제를 해결하였다. 그가 호언장담(好言壯談)하였던 8일 이후가 아니라 6년이 걸렸다. 화성은 두 초점 가운데 하나의 초점에 태양이 놓인 타원궤도에서 운동한다. 그는 의기양양(意氣揚揚)하여 이 증명에 하나의 작은 스케치를 소립하였다. 그것은 구름 위에 이륜 전차를 티고 달리는 승리의 여신의 모습이다. 며칠 일 후에 다른 행성들도 화성과 마찬가지로 타원궤도로 여행한다는 것을 증명하였다. 다른 경우의 궤도는 어쨌든 완전한 원과는 약간 달랐다. 궤도의 참된 본질을 발견하는 것은 쉽지 않은 일이다. "내가 화성궤도 연구를 하였던 것은 우연이었나?" 그는 놀랐다. 어떤 행성도 그를 진리로 이

끌지 않았다. “아니다. 나로 하여금 최상의 비밀로 드러낼 수 있도록 행성작업을 이끄신 분은 하나님이다. 그분의 손이다.”

케플러는 연구 결과를 『신천문학』에서 요약하였다. 이 책은 케플러의 행성 운동 법칙을 진술한다.

케플러 1 법칙: 각 행성은 태양 둘레로 타원궤도로 공전한다. 타원의 두 초점의 하나는 비어있고 다른 하나에는 태양이 있다.

그는 태양을 초점으로 행성이 운동하는 점을 연결하여 타원을 일직선 위에 돌렸다. 타원둘레로 돌리면서 지나간 거리를 계산하였다. 무수한 작은 삼각형이 뒤따라갔다. 커브 위의 점은 화성이 지나다닌 날들의 관찰이다. 무수한 작은 삼각형은 형태와 크기가 달랐다. 타원궤도를 따라 그들은 같은 시간에 같은 면적을 덮는다. 카타리나 할머니께서도 여러 가지 옷감으로 대고 바느질하여 아름다운 드레스를 만들어 입고 다니셨다. 제발트 할아버지께서도 슈투트가르트 뷔템베르크 대공을 만나러 가실 때 타고 다니시던 마차 수레바퀴도 무수한 삼각형을 합산하며 굴러갔다. 이것이 케플러 2 법칙이 말하고자 하는 핵심 내용이다.

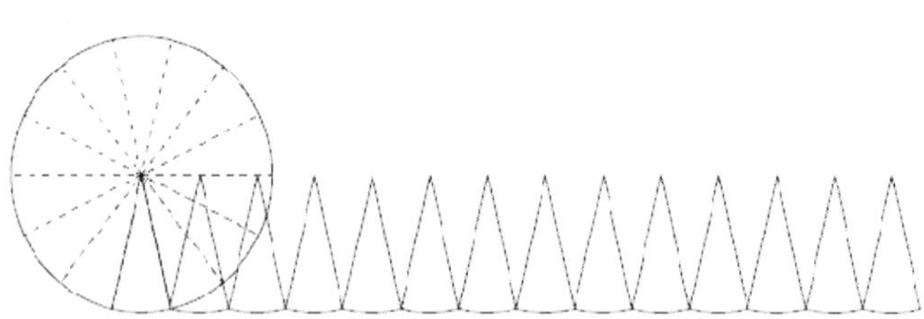

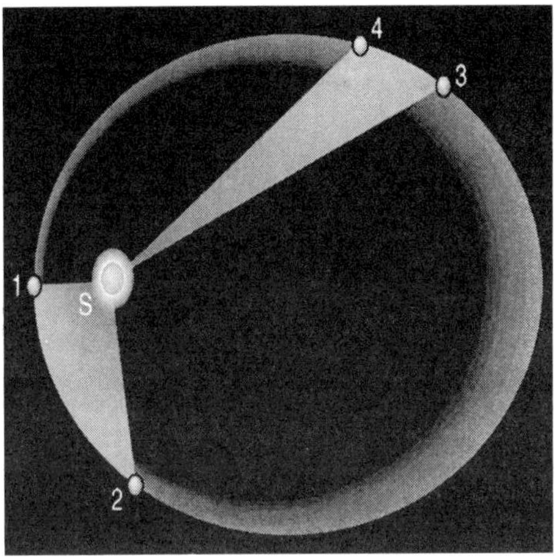

케플러 제 2 법칙: 태양으로부터 한 행성을 연결하는 직선은 같은 시간에 같은 거리를 휩쓴다.

케플러는 오래전에 매스틀린과 코페르니쿠스의 『천체의 회전에 관하여』 서문에 관하여 나누었던 토론을 기억했다. 코페르니쿠스가 무엇을 하였나? 그는 계산으로만 태양 중심체계의 도식을 발견하였다고 말했다. 그는 죽기 직전에 오시안더라는[7] 친구에게 『천체의 회전에 관하여』 필사본을 넘겼다. 오시안더는 출판을 위하여 책을 훑어보았다. 그는 코페르니쿠스의 아이디어가 교회로부터 기소당할 것이 두려워하였다. 그는 가짜 서문을 썼고 그것을 코페르니쿠스의 필적으로 서명하였다. 이것이 『천체의 회전에 관하여』가 던지는 사회적 학문적 파장을 누그러 뜨렸다. 그것은 코페르니쿠스가 원래 원하였던 의도에 그

---

7 안드레아스 오시안더(A. Osiander,1498-1552)는 독일의 루터파 개신교 신학자이다.

릇된 그림을 심어주었다.

케플러는 『신천문학』에서 케플러 1, 2 법칙으로 오시안더의 가면을 벗겼고 기록을 바로잡았다. 찬찬히 들여다보면 케플러 1, 2 법칙은 코페르니쿠스 가설의 현상을 실재로 해명하는 효과를 가져온다. 케플러가 쓴 『신천문학』은 곧바로 출간될 가치가 있다. 그러나 텡나겔이 펄쩍 뛰었다. 그는 온갖 종류의 기소를 준비하였다. "자넨 브라헤 아이디어를 훔쳤다. "텡나겔은 기소하였다. 케플러는 이런 종류의 논쟁을 좋아하지 않았다. 케플러는 텡나겔에게 물었다. "내가 널 만족시키려면 어떻게 써야하나?" 텡나겔이 말했다. "너는 브라헤에게 지적 재산권을 주어야 한다." 케플러는 말했다. "내가 제목을 바꾸었다고 생각해 보아라. 『브라헤의 관찰에 기초한 신천문학』이라고 텡나겔이 말했다. "넌 그것을 정확하게 하여야 한다." 케플러는 피식 웃었다. 그는 제목을 바꿀 계획을 하였다. 텡나겔은 더 많은 요구를 하였다. "나는 네 책에 서문을 쓰고 브라헤의 작업이 이런 결과를 냈다고 말하겠다." 케플러가 동의하였다. 텡나겔이 서문을 썼을 때 케플러도 그것을 읽었다. 케플러는 안도의 한숨을 쉬었다. 텡나겔은 케플러 자신이 말하였던 것 이외에 다른 것은 아무 것도 쓸 수가 없었다. 아마도 텡나겔은 자신의 권리요구에 따르는 부담을 두려워하였다. 그가 그렇게 하였다면, 책 출판비용의 일부를 대어야 할 것이다. 모든 책이 영리를 추구하지는 않는다. 특별히 학문적 저작은 그렇다. 텡나겔은 위험부담을 선택하지 않았다.

케플러는 책 출간을 앞두고 집안문제에 전념하였다. 뚜쟁이

들이 케플러 집에 모여들어 아름다운 숙녀로 성장한 레기나에 대하여 혼담을 주고받았다. 케플러는 이렇게 표현하였다. “1608년 봄에 금성이 집안에서 소란을 피운다.” 그녀에게 여러 청혼이 들어왔지만 한 젊은이에게 낙점되었다. 1608년에 그녀의 결혼일이 잡혔다. 신랑은 프리드리히 4세의 선제후 대공을 섬겼던 아우구스베르크 가문의 필립 에햄이었다. 케플러는 결혼식 준비를 하면서, 아내가 그를 욕조 안으로 들여보냈다. 케플러는 목욕을 싫어하였다! 물을 좋아하지 않았다. 그는 이전에 하지 않았던 욕조에서 목욕하였다. 덜덜 떨고 춥고, 울퉁불퉁한 무릎, 가련한 몸체, 욕조에 들어있는 개 같았다.

1609년 천문학자와 수학자들은『신천문학』에서 행성의 타원 궤도와 그가 돌아다닌 면적의 내용을 검토하였다. “이것은 우회적이다.” 한 천문학자가 불평하였다. “당신은 당신이 저지른 실수를 모두 책 안에 집어넣었소. 왜?” 케플러는 설명하였다. “만약 크리스토퍼 콜럼버스가 행성이었다고 합시다! 그가 자신의 항해에서 어떻게 길을 잃었는지를 이야기하였으면, 우리는 그를 용서할 뿐만 아니라, 그의 잃어버린 이야기를 아쉬워 할 것입니다. 그런 이야기가 없이는 콜롬버스의 거대한 항해에 대한 정확한 모습을 찾을 수 없습니다. 저는 독사를 위하여 동일한 배려에서 같은 방법을 따랐습니다. 저는 틀린 가설일지라도 가감없이 위험에서 무엇을 하였는지를 말했을 뿐만 아니라, 저를 발견으로 이끌었던 행복한 이유도 말했습니다.”

10. 프라하의 형제의 난과 갈릴레오와의 서신교환

1610년 프라하에 루돌프 2세 황제와 그의 동생 마티아스 대공 사이에 형제의 골육상잔(骨肉相殘)이 일어났다. 이 전쟁은 케플러의 삶을 절망의 늪으로 빠뜨렸다. 3년 전부터 마티아스 대공[1]은 프라하 외곽지역에서 세력을 키웠다. 형님 황제를 보필한다는 명목이지만 내심은 보헤미아를 장악하기 위한 수순이었다. 루돌프 2세 황제는 10년 넘게 동생 마티아스 대공의 도전을 방어하며 싸웠다. 하지만 제후국의 통제는 그의 수중에서 미끄러져 나갔다. 마티아스 대공은 터키와 전쟁에서 평화협정을 맺었다. 마티아스 대공은 터키와의 평화협정을 주지시키기 위하여 주교 클레젤을 동반하여 황제에게 독대를 간청하였

1 마티아스(Matthias,1557-1619)는 신성로마제국의 황제이다.

다. 황제가 거부하였다. 1606년에 선제후들이 마티아스 대공을 중심으로 뭉쳤다. 프라하에 한동안 빛의 섬광(閃光)이 나타났다. 남부독일 파사우의 레오폴드 대공이 군대를 이끌고 프라하로 들어왔다. 레오폴드 대공은 군사력을 마티아스 대공과의 싸움에 투입하였다. 프라하의 도처에서 싸움이 시작되었다. 놀란 시민들은 공황에 빠졌다. 병사들은 민가를 약탈하였다. 화재가 발생하였다. 나무와 화약 타는 냄새가 자욱하였다. 고삐 풀린 말들이 거리로 내달렸다. 폭력배들은 병사들에게 돌을 던지며 거리를 배회하였다. 어머니들은 자녀들을 집안으로 불러들여 대문을 잠궜다. 시가전(市街戰)은 바바라를 공포로 마비시켰다. 칼 대교를 오가는 시가전 횟수가 거듭되었다. 겁에 질린 그녀의 눈망울은 두려움으로 가득찼다.

큰 소동의 시간에 루돌프 2세 황제는 벨베데르 궁전 지하벙커에서 황실수학자를 긴급 호출하였다. 케플러는 얼굴이 하얗게 변해 새파랗게 질려있는 바바라에게 말하였다. "나는 황제를 만나러 가야한다." 케플러는 바바라에게 설명하였다. "우리가 그라츠에서 추방되었을 때, 황제는 망명객인 우리를 받아주었다." 피비린내 나는 싸움이 맹위를 떨쳤다. 그 가운데 궁성 친위대 둘레에 반란군과 황실 우호세력인지가 구분이 되지 않았다. 그들은 성난 군중을 뒤로 도로 구석구석으로 질주하였다. 기병대가 지나가며 튕긴 돌이 병사들의 갑옷에 쨍하고 울렸다.

케플러는 칼 대교를 건너는 동안 황실근위대의 호위 받으며 입성하였다. 우울한 얼굴을 한 황실근위대 소속의 병사들이 흐라드차니성 입구에 서 있었다. 비장한 긴장이 황궁의 블라드슬

라브 홀 내부를 감돌고 있었다. 소속을 알 수 없는 병사들이 명령 수행을 위하여 이동할 때 군화들이 찰칵거렸다. 참사관들이 우왕좌왕 몰려다니며 필사적으로 회동하며 협상하려고 하였다. 그들의 음성은 성난 벌떼 같이 웅웅거렸다.

케플러는 그들의 걱정스러운 얼굴에서 절박한 돌아가는 루돌프 2세 황제의 운명을 읽었다. 그는 숨을 헐떡이며 시종무관을 쫓아 황제가 있는 비밀 아지트의 어전으로 들어갔다. 지금 쉿하 소리가 지나갔다. 바람이 옅은 화약 냄새가 났다. 시끄러운 싸움은 일단 희미해진 것으로 보였다. 황제는 황실 비밀 아지트 지하벙커에서 망연자실(茫然自失)하며 보좌에 앉아있었다. 그는 자신을 성가시게 하였던 것들에 대하여 어떠한 가장도 하지 않았다. 그는 의학, 화학 그리고 새로운 망원경에 대하여 말했다. 그는 케플러에게 날씨에 관한 견해를 알려줄 것을 요구하였다. 케플러는 진실이 무엇인지를 알았다. 황제는 죽을힘을 다해 반군을 몰아냈다. 하지만 제국이 부서지는 현실을 두고 볼 수만 없었다. 그는 늙었고, 마음이 아팠고 몸도 약했다.

루돌프 2세는 어전회의를 소환하였다. 그는 비장한 목소리로 선포하였다. "나의 참사관들은 들으라. 이것이 싸움을 끝내는 유일한 길이다. 1610년 5월 23일 이날, 짐은 황위를 마티아스 대공에게 양위할 것이다." 루돌프 2세 황제는 윤음(綸音)을 내린다음 보좌에서 계단으로 내려왔다. 루돌프 2세 황제의 목소리는 깨졌다. "그대도 짐을 버릴 것인가?" 그는 황실 수학자에게 탄식하며 물었다. 케플러는 기꺼이 말했다. "소신은 폐하의 친구입니다. 소신은 폐하를 버리지 않을 것입니다." "짐은 마티아스 대공에게 교지(敎旨)를 하달할 것이다. 그는 그대의 안전을 보증할 것이다. 아무 누구도 짐의 허락 없이는 황실 수학자를 위해하지 못한다. ”

잠시 후에 케플러는 화약 탑 아래에서 임시 공관을 설치하며 머무는 마티아스 대공을 만났다. “어떤 경우에도”, 마티아스 대공은 말했다. “그대는 제국의 수학자로 머무실 것입니다. 내 형님 전하는 늙고 병들었소. 황제께서는 곧 붕어(崩御)하실 것이요.”

“그때까지”, 케플러가 말했다. “소신은 프라하에 머물 것입니다.”

레오폴드 대공의 병력에게 프라하를 철수하라는 퇴각명령이 내려졌다. 루돌프 2세는 이날 사태를 무마시키기 위하여 차기 황위 승계의 1순위인 마티아스에게 선위를 선포한다. 마티아스 대공은 1612년 6월 13일 프랑크푸르트 황위 대관식에서 새 신성로마제국의 황제로 등극한다. 프랑스의 데카르트는 황제 대관식이 거행되었던 프랑크푸르트 아래의 울름의 병영막사에 있었다. 그는 전쟁 중인데도 용병으로서 나름대로 꿈을 꾸며 ‘코기토 에르고 숨(cogito ergo sum)’이라는 새로운 철학의 원리를 준비하였다. ‘나는 생각한다. 그러므로 나는 존재한다.’라는 뜻이다.

케플러가 마티아스 대공을 만난 다음날 그에게는 황실보다 많은 불상사가 덮쳤다. 세 명의 자녀들이 모두 같은 질병이 걸렸다. 루드비히는 크게 울었다. 바바라는 밤새 공포로 떨어서 극도로 심약 상태에 있다. “아이들이 아파요.” 그녀는 손을 쥐어짜며 울었다. 케플러는 그의 자녀들의 이마에 손을 대었다. 몸이 불덩이처럼 달아올랐다. 성난 붉은 상처가 그들의 얼굴에 번졌다. "마마다!" 그가 말했다. "병사들이 질병을 옮아왔다." 바바라는 항상 애정으로 자녀들을 돌보았다.

케플러와 바바라는 헌신적인 양친이었다. 자녀에 대한 그들의 애정은 교육과 양육에서 드러났다. 케플러는 자녀들이 이용할 라틴어와 독일어 사전을 직접 준비하였다. 하나님의 말씀을 더 잘 이해할 수 있게 하기 위하여 성경교재도 직접 만들었다. 프라하에 불어 닥친 내란은 세 자녀들을 질병과 고통으로 몰아넣었다. 케플러는 의사를 불렀다. "당신이 할 수 있는 최선으로 가족을 낫게 해주시오." 의사는 바바라에게 아이들이 긁지 않고 상처를 씻는 방법을 알려주었다. 수잔네와 루드비히는 회복되었다. 그러나 프리드리히는 죽었다. 그의 죽음은 바바라를 산산조각으로 부서지게 하였다. 자식을 잃은 슬픔 마음은 그녀의 건강까지 낚아채어 갔다. 그녀에게도 발진티푸스 열이 왔다. 그녀 역시 1610년 6월 23일 아파 눕다가 7월 3일 37세 일기로 사망한다.

갑작스런 불행의 연속이 케플러를 절망으로 몰았다. 그는 멍하니 돌아다녔다. 그는 바바라가 종종 읽었던 기도 책을 끄집어냈다. 그녀는 기도책을 자녀들과 함께 그녀 인생의 전부로 살았다. 그는 그녀의 작은 책을 관에 넣어 상례를 치렀다. 그는 지난 시간을 뒤돌아보았다. 그는 그녀와 함께 있을 때 참을성이 없었다. 그러나 그녀는 남편을 이해하고 뒷바라지 하였다. "우리는 서로를 위하고 가슴 깊이 사랑하며 살아갔다." 케플러는 그해가 끝나기까지 프라하에 머무르다, 자녀들을 벨스에 있는 친구 집에 맡겼다.

케플러는 이탈리아의 갈릴레오에게 『신천문학』을 보내고 회신을 기다렸다. 갈릴레오는 답변이 없었다. "무슨 시간이 그렇게 많은 걸린단 말인가?" 케플러는 궁금하기 그지없었다. 1610년 3월, 한 마차가 프라하 황성앞의 카를노보 거리를 맹렬하게 질주하였다. 그 마차는 다리를 쏜살같이 건너 케플러가 살고 있는 집 앞에 멈췄다. 검은 망토에 흰 모자를 쓴 폰 바켄펠스 남작2이 마차에서 내려왔다. "케플러!", 그는 소리쳤다. "빨리 나오시오." 그의 목소리는 흥분의 도가니에서 헤엄치는 같았다. 폰 바켄펠스 남작은 정부 관리이고 과학자로서 케플러와 루돌프 황제의 절친이었다. 남작은 다시 불렀다. "내 뉴스를 들으시오. 갈릴레오가 4개의 새로운 행성을 발견하였소!" "무슨 소리요?" 케플러는 밖에서 오는 익숙한 목소리에 대꾸하며 서재의 창문을 열어젖혔다. 그는 자녀들의 라틴어 학습을 돕고 있었다. "우리는 라틴어 공부를 나중에 하도록 하자."케플러는 책상을 거두고 정리정돈을 하였다. 폰 바켄펠스 남작은 거실에서 참지 못하고 이층 서재 계단으로 직접 올라갔다. 그가 말했다. "오늘 아침 보고서가 궁정에 도착하였소. 파두아의 갈릴레오는 이중 렌즈를 극대화한 튜브를 사용하였소. 그는 이전에 볼 수 없었던 수많은 이상한 광경을 발견하였소."

케플러는 날벼락을 맞은 듯하였다. 이것이 케플러가 『우주의 비밀』을 보낸 이래 갈릴레오가 지난 20년간 편지하지 않은 이유였다. 케플러는 『신천문학』의 출간으로 그 동안 침묵을 지키

2 폰 바켄펠스(M. W. von Wackenfels,1550-1619)는 루돌프 2세 황제의 과학문화 분야의 학자이자 외교관이다.

고 있던 과학자의 답변을 기대하였다. "더 많은 것을 말해보시오." 케플러는 참을 수 없는 궁금증으로 침을 꿀꺽 삼켰다. "우리가 궁정에서 편지를 받은 대로요."

폰 바켄펠스 남작은 말했다. "1608년 후반에 네덜란드에서 먼 대상을 손 가까이에 놓고 볼 수 있게 하는 망원경이 발견되었소. 3km 떨어진 사람도 아주 가깝게 볼 수 있어서 다방면의 실생활에서 아주 쓸모가 많았소." "누가 그것을 발명하였소?" 케플러가 다급하게 물었다. "그것을 처음으로 만든 사람은 네덜란드의 안경제작자로 한스 리퍼세이[3]라는 사람이요. 그의 제작 비밀은 다른 사람의 손에 넘어갔소. 일 년 후에 극대화된 망원경 한 대가 프랑스경매 시장에 나왔소. 갈릴레오는 파도바대학의 제자들을 통하여 정보를 수집하여 그것을 직접 제작하였던 같소." "극대화하는 망원경!"

케플러가 되 세기며 반복하여 중얼거렸다. 망원경 뉴스는 그의 생각을 산산이 부셔버리고 있었다. "그것은 지금까지 보지 못했던 전혀 새로운 SNS이다. 그것은 하나님의 작품을 극대화하고 극소화하여 살피는 방법이기도 하다. 왜 이전에 그런 물건을 생각하지 못했을까?" 폰 바켄펠스 남작은 말했다. "갈릴레오는 리퍼세이 망원경으로는 실재로 많은 것을 볼 수 없었소. 그러나 그는 그것이 더 잘 작동하도록 자세히 설계하였소. 그는 수많은 수작업으로 대상을 30배나 더 가깝게 보이도록 망원경을 개량하였소. 물론, 사람들은 그것을 보려고 모여들었소.

3 리퍼세이(H. Lippershey,1570-1619)는 최초로 망원경을 발명한 인물이다.

그들은 그것으로 베네치아 항구에 들어오는 배를 미리 보았소. 심지어는 밀라노 대성당 첨탑 주변으로 몰려든 비둘기 떼에도 그것을 갖다 대었소."

케플러는 입이 딱 벌어지는 것을 참을 수 없어 침을 삼켰다. "그들은 그 도구가 천문학에 이용될 수 있다는 점을 깨닫지 못했단 말이오?" "물론이죠. 갈릴레오는 곧바로 망원경을 하늘에 돌려댔소. 그는 4개의 새로운 천체 물체를 발견하였소." "4행성이라!" 케플러는 가슴이 철렁 내려앉는 것 같았다. 놀란 가슴을 쓸어내리며 말했다. "아마도 갈릴레오는 지구의 달과 같이, 토성, 목성, 화성, 그리고 금성 둘레로 도는 4달을 발견하였겠지."

폰 바켄펠스 남작은 말했다. "더 나간 추측은 의미가 없소. 갈릴레오는 자신의 발견을 책으로 출간할 것이요. 우리는 그가 보았던 것이 무엇인지를 확실하게 알게 될 것이요." 케플러는 책을 보기 전에는 아무것도 알 수 없어서 발을 동동 굴렀다. 그는 망원경이 많은 비밀을 찾을 수 있을 것으로 믿었다. 그는 망원경을 구하려 하였다. 그러나 갈릴레오가 제작한 망원경은 프라하에 도착하지 않았다.

아마추어 제작자들이 갈릴레오 망원경의 디자인을 연구하였다. 그러나 그들은 그것을 내동댕이쳤다. "우리는 갈릴레오가 가진 렌즈가 없다!" 풍문이 떠돌았다. 많은 사람은 갈릴레오가 엉터리 거짓말을 하였다고 믿었다. "이탈리아에서는 그의 말을 믿는 사람이 없어." 프라하 방문객들이 말하였다.

첫 번째 정확한 정보는 루돌프 2세 황제 자신에게서 왔다. 보헤미아로 들어온 메신저는 황궁에서 멈추었다. 황제가 망원경을 갖고 있었다. "짐은 그것으로 달을 보았다." 동생에게 황위 선위를 선포한 루돌프 2세 황제가 허심탄회하게 말했다. "폐하께서는 그것으로 무엇을 보셨습니까?" 케플러가 다급하게 물었다. 황제가 말했다. "달에 산과 계곡이 나타났다. 아리스토텔레스는 달이 거울처럼 밝은 둥근 공이라고 말했다. 그러나 짐은 달의 표면은 지구의 실재 표면과 같다고 상상하였다. 짐은 본 것을 상상해본 것뿐이다."

케플러는 어쨌든 달에 산과 계곡이 있다는 정보는 믿을 수 있다고 생각하였다. 이 질문은 며칠 후 답변에서 해답을 찾을 수 있었다. 갈릴레오의 책이 도착하였다. 책 제목은 『시데레우스 눈치우스』4이었다. 별의 전령이라는 뜻이다. 코지모 대공의 토스카나 사절단이 프라하에 왔을 때 책의 1부를 케플러에게 선물하였다. 사절단 전권대사가 말했다. "갈릴레오는 이 책에 대한 그대의 고견을 듣고 싶어 하오." 케플러가 갈릴레오의 얄팍한 책을 받을 때 손을 부들부들 떨었다. 그는 책을 철저히 들여다보았다. 갈릴레오는 당대 과학 저술가와는 달리 직설적으로 아주 단순하게 썼다. 더 좋은 것은, 갈릴레오는 그가 보았던 것을 드로잉 하였다는 것이다.

케플러는 힘 안들이고 읽었다. 갈릴레오는 그가 망원경을 어떻게 만들었는지를 기술하였다. 그다음 그는 그것을 달에 갖다 대었다. 달의 표면은 완전히 매끄럽지 않았다. 그것은 불규칙성, 울퉁불퉁함, 지구 자체의 표면과 같이 움푹 파인 곳 등으로

4 『시데레우스 눈치우스(Sidereus Nuncius)』는 갈릴레오의 첫 과학적 작품으로 1610년에 출간되었다.

가득 찼다. 그렇게! 달과 지구 표면과 비슷하였다. 갈릴레오는 육안으로는 한두 개를 보았던 곳에서 망원경으로는 수십 개의 별을 보았다. 무엇보다도 가장 놀라운 것은 목성을 시종하는 혹성이다. 1610년 1월 4일, 그는 망원경을 목성의 밝기에 갖다 대었다. 두 개의 희미한 빛을 발견하였다. 어두운 하늘의 천장을 찌른 핀 보다 크지 않은 별이 나타났다. 그는 보았던 것을 종이에 그렸다.

○★★

다음날 밤 다시 목성에 망원경을 갖다 댔다. 이번에 별 둘이 아니라 별 셋이 목성 주변에 나타났다.

★★○★

갈릴레오는 관찰하며 고민하였다. 별들은 밤마다 목성을 따라 움직였다. 그들은 전적으로 별들일 수 없었다. 이 작은 빛들은 한 장소에 머물렀다. 갈릴레오는 말했다. "이들은 붙박이별이 아니다. 그러나 목성에 속하고 그 둘레로 돈다." 그는 아흐레 밤이 지난 후에 다른 형태를 보았다.

★★★○★

이번에는 목성 주변으로 달 넷이 나타나 목성을 둘러쌓다! 목성은 넷째 달에 가려 잘 보이지 않았다. 갈릴레오는 한 달 동안 이들을 쫓아다니며 관찰하였다.

케플러는 더 이상 의심하지 않았다. 지구는 한 달, 목성은 네 달을 갖는다. 그리고 일단 안심하였다. 자기는 천체는 여섯 행성만 태양 둘레로 공전한다고 말해왔다. 결국, 갈릴레오 보고서는 자신의 주장을 반박한 것은 아니었다. 케플러는 생각하였다.

"행성 둘레로 도는 물체들은 이름이 필요하다." 고대 신들의 왕, 주피터가 그의 위성들의 왕인 것처럼, 그는 네 달을 거느린다. 위성(衛星)들은 한 왕의 연회석에 참석하여 시중을 드는 궁정관리이다. "위성(Satellite)!", 케플러가 말했다. "나는 그들을 위성이라고 부를 것이다." 과학자들은 이 단어를 제 빨리 수용하였다. 케플러가 사용한 단어는 오늘날까지 사용하고 있다.

갈릴레오 위성은 목성 중심의 둘레를 도는 천구물체이다. 케플러는 브라헤의 오랜 질문에 하나의 답변을 주었다. 브라헤는 코페르니쿠스 체계를 격파하였다. 그는 지구는 달로부터 일탈해 있을 것으로 보았다. 갈릴레오 보고에 따르면, 목성은 확실히 움직였지만 자신의 달로부터 일정궤도를 벗어나지 않았다. 그렇다면 갈릴레오의 목성 위성 발견은 프톨레마이오스와 아리스토텔레스 관점에 바짝 붙어있었던 자들을 경악시킬 사건이다. 그들에게 "이러한 일은 도무지 있을 수 없다."

그러나 갈릴레오의 다음 발견은 그들을 더 많이 흔들어 놓았다. "그는 태양에 검은 섬을 발견하였다!" 그것은 대양의 흑점(黑點)이다. "무엇이라고!" 그들은 천체 물체는 완전무결하기 때문에 "흠십"이 없다고 생각하였다. "당신이 실수하였소." 한 과학자가 말했다. "나는 아리스토텔레스를 연구하였소. 그러나 그는 어디에서도 검은 점을 언급하지 않았소. 당신은 당신의 발견을 구경거리를 바꾸도록 노력하시오."

케플러는 갈릴레오가 아리스토텔레스 주의자들과 힘겹게 싸우는 것을 보며 안타까웠다. 갈릴레오는 망원경으로 태양을 보는 것이 얼마나 위험한 것인 줄 몰랐다. 인간의 육안은 태양의 밝은 광선으로부터 다칠 수 있었다. 갈릴레오는 말년에 실명(失明)하였다. 아마도 그는 망원경을 통하여 눈을 이용하여 태양흑점을 보았기 때문이다. 『시데레우스 눈치우스』는 갈릴레오의 첫 저작이었다. 갈릴레오는 이 저작으로 강력한 반대 입장에 직면하였다.

"그는 확실하게 천체를 관찰하였음이 틀림없다." 케플러는 단언하였다. 갈릴레오의 망원경 관찰에 의한 결론은 아리스토텔레스의 권위를 받아들였던 과학자들에게 두 선택을 강요하였다. 그들의 가르쳤던 것을 바꾸거나 혹은 그들은 자신의 눈으로 직접 보기를 거부하는 것이다. 파두아 대학의 철학 교수 그레모니니는 망원경으로 보는 것조차 거부하였다. "골치 아파서 못 보겠다!". 그들은 어떻게 위성을 설명하였나? "작은 빛들은 단지 망원경의 유리에 있는 목성의 반사일 뿐이다." 의심하는 자들은 말했다. 피자 대학의 기울리오 리브리 교수는 지구 위에서는 죽어도 이들을 보려하지 않았다. 그들은 갈릴레오를 공격하였다. 갈릴레오는 리브리 교수가 죽자, "하늘나라에 가서나 그들을 보려나?"라고 하였다. 전 유럽에 오직 한 과학자만이 갈릴레오에게 털어놓고 말했다. 케플러였다.

갈릴레오는 지지를 얻으려고 케플러에 호소하였다. "제가 철학자들에게 말하려고 한 것은", 갈릴레오가 단도직입적으로 말했다. "저는 수천 번 저의 연구를 보여주려고 제안하였습니다. 그들은 망원경을 통하여 행성이나 달을 관찰한 것을 승인하지 않았습니다. 그들은 진리의 빛에서 그들 자신의 두 눈을 지긋히 감았습니다!"

문제는 갈릴레오의 참지 못하는 성격이었다. 그는 쉽게 적을 만들었다. 대학에서 학생들과 교수들은 그에게 카우보이라는 별명을 붙였다. 그는 차갑고 자만심이 넘치는 성격으로 성급하게 논쟁으로 들어가는 버릇이 있었다. 다른 측면에, 케플러는 인정 많고 온화한 성격을 지녔다. 그는 좀처럼 적을 만들지 않았다. 독일에서 알아주는 케플러는 궁지로 몰려있는 이탈리아 수학 교수를 위한 방패지기로 나섰다.

케플러는 이미 1607년 태양흑점 관찰연구에 새로운 빛을 던졌다. 그는 5월 28일 갈릴레오에게 편지를 썼다. "나는 어두운 방 안에서 하나의 작은 핀 홀로 빛을 통과하게 하므로 태양의 이미지를 관찰하였습니다. 나는 태양빛의 이미지를 스크린에서 형성하도록 하였습니다. 나는 그 이미지에서 아주 작은 까만 점을 보았습니다. 그때 나는 수성을 보았다고 생각하였습니다. 그러나 지금 그것이 태양흑점이라는 것을 깨달았습니다." 케플러는 실수를 곧 인정하였다. 그렇기 때문에 그는 제국의 관구 수학자로서 전 유럽을 통하여 존경을 받았다. 그는 위대한 브라헤의 직접 후계자로서 직무를 수행하였다. 그가 말했을 때, 과학자들은 기꺼이 경청하였다. 달 위의 산들, 태양표면 위의 흑점들, 목성 둘레의 위성들, 누군가는 그러한 이상한 기록들을 믿을 수 있을 것이다.

케플러는 지적하였다. "법칙은 반대가 증명되지 않으면, 누구나가 믿어야 합니다." 그는 갈릴레오에게 황급히 편지를 썼다. "우리가 전쟁기술을 확실히 지배한다면, 별도의 전령은 불필요할 것입니다. 우리는 천구물체에 용감한 여행객을 준비할 것입니다."

케플러는 자신에게 갈릴레오 책을 가져왔던 동일한 파발꾼에게 자신의 편지를 넘겼다. 그 편지는 이탈리아에 제 때에 들어갔다. 이 편지가 곤경에 빠진 갈릴레오를 구출하였다. 갈릴레오는 토스카나 대공에게 케플러의 편지를 자랑하였다. 하지만 그는 케플러의 편지에 답장하지 않았다. 감사편지조차 하지 않았다. 토스카나 사절단은 프라하에서 갈릴레오에게 편지하였다. "우리는 절박하게 그대에게 충고하건대, 케플러에게 망원경을 보내시오." 갈릴레오는 많은 망원경을 제작하여 후원자들에게 선물하였다. 그러나 그는 케플러에게 망원경을 빌려주지 않았다.

망원경은 권력을 쥐고 있는 귀족들의 수중으로 넘어갔다. 케플러는 1610년 9월 갈릴레오가 쾰른의 선제후 에른스트 대공에게 망원경 한 대를 준 것을 알았다. 쾰른의 선제후 에른스트가 선제후 회의에 참석차 프라하에 들렀을 때, 그에게 망원경을 빌려달라고 요청한다. 그는 대공이 프라하에 오자 사용허가를 요청했다. "당신은 내가 여기 머무는 동안에 사용할 수 있소." 백작이 말했다. "열흘이요." 오직 열흘뿐이다.

케플러는 귀중한 도구를 갖고 집으로 달려갔다. 그는 발코니에서 이중 막대기로 갈릴레오 망원경을 설치하였다. 날이 어두워지자 케플러는 발코니 위에 섰다. 그는 눈을 렌즈가까이로 천천히 옮겨가 접안렌즈를 들여다보았다. 망원경 꼭대기는 목성 행성의 빛을 겨냥하였다. 목성은 맑은 원판을 보여주었다. 아주 판명하게 볼 수 있었다. 달들이냐? 그렇다. 그들을 보았다.

케플러는 의자를 올리고 담요로 자신과 망원경을 덮었다. 그는 자신의 위치를 특정하였다. 작은 촛대, 스케치 패드. 목탄 지팡이를 잡았다. 어떤 사람은 달들은 전적으로 존재하지 않았다고 주장하였다. 케플러는 빈약한 시력을 지녔지만, 그들을 아주 잘 볼 수 있었다.

많은 방문객이 망원경을 보기 위하여 케플러 집에 왔다. 그들은 귀중한 관찰 시간을 가졌다. 가장 환영받는 손님은 시계 제작자 요스트 뷔르기5였다. 그는 고도의 정밀기계공학의 전문직 종사자이다. 케플러와 브라헤는 함께 일했을 때 요스트 뷔르기가 제작한 종치는 시계로 작업하였다. 케플러는 그에게 "자네가 본 것을 그려보게."라고 말했다. "우리는 우리가 본 천체의 드로잉을 비교할 것이다." 그들의 관찰은 갈릴레오의 발견을 확증하였다.

케플러는 팸플릿을 썼다. 「목성둘레로 방랑하는 네 위성들에 대한 관찰」이라고 제목을 붙였다. '위성'이라는 단어가 이번에는 출판물로 나타났다. 케플러는 자녀들까지 망원경으로 달을 보도록 하였다. 아들 프리드리히를 번쩍 들어 올려 접안렌즈까지 눈을 갖다 대게 하였다. 달의 높은 산들은 불타는 이빨같이 태양을 사로잡고 있었다. 프리드리히는 잉크같이 깊은 암흑이 깃든 분화구와 평면 위로 빛나는 흰 빛의 반사를 보면서 황홀해 하였다. 프리드리히는 "야 이것 봐라. 정말 요술 방망이로구나!"라고 외쳤다. 케플러가 말했다. "망원경을 갖는 천문학자는

---

5 뷔르기(J. Buergi,1552-1632)는 천문시계제작 장인이다.

왕좌(王座)에 앉은 왕과 같다. 망원경은 그로 하여금, 그가 보는 모든 것을 통치하도록 만든다. 지금 우리는 다윗이 말한 의미가 무엇인지를 이해한다.

'하늘은 주님의 영광을 선포하고.'[6]

케플러는 1610년 8월 토스카나 사절단에게 다음 문자 덩어리를 갈릴레오에게 보냈다:

maismrmilmepoetaleumibunenugttauiras.

이 무의미한 문자덩어리 철자를 해체하여 유의미한 문장으로 만들면 다음문장이 된다 : *Salve umbistineum geminatum Martia proles*: "안녕하신지요! 화성의 이중 머리님."

케플러는 망원경 관측결과를『목성 위성의 설명』으로 출간하여 1610년 10월 25일 갈릴레오에게 보낸다. 갈릴레오는 이 편지를 받고 황제의 요청에 따라 1610년 11월 13일에 답신하였다: *Altissimum planetam tergeminum observavi*: 나는 삼중의 최상위 행성을 관측하였다. 목성을 중심으로 3 위성이 돈다는 뜻이다. 케플러는 1610년 12월 11일 갈릴레오에게 새 암호문을 보냈다: *Haec immatura a me jam frustra leguntur, o. y. Macula rufa in Jove est*: 이것은 이전에 내가 이미 헛수고해가며 해독하였다. 목성에 붉은 점이 있다. 케플러는 1611년 1월 1일에 다시 적었다: *Cynthiae figuras aemulatur mater amorum*: 금성은 달의 경과

---

6 시편 19장.

를 닮는다.

케플러는 이 문구로 금성은 달과 같이 자신의 고유한 빛을 갖지 않는다는 증명을 제시하였다. 뷔르기가 와서 물었다. "당신은 망원경 구성 원리를 연구해보셨소?" "예. 그것은 단순합니다. 저는 그렇게 오랫동안 비밀을 벗겨낸 발견에 매혹되었습니다. 갈릴레오는 두 렌즈를 사용하였습니다. 하나는 육안을 위한 오목렌즈, 다른 하나는 대상을 위한 볼록렌즈였습니다. 그들을 잘 배합하여 구성하면 원거리 대상을 30배로 확대할 수 있습니다. 튜브는 잘 말린 나무 재질입니다. 양 표면에 옻 칠을 하였고, 내부는 검게 색칠하였습니다. 튜브는 종이, 놋쇠, 혹은 그밖에 다른 재질로도 제작할 수 있습니다." 뷔르기가 물었다. "초점을 맞추기가 그렇게도 힘듭니까?" "많은 사람은 좁은 시야 범위에서 긴 터널을 통과하며 보는 것에 짜증스러워 합니다." 케플러는 말했다. "저는 육안을 대치하는 두 쌍의 볼록렌즈가 문제를 해결할 수 있다고 생각합니다. 그것은 더 밝은 이미지에 더 나은 시각 필드를 제공할 수 있습니다." 그는 새로운 디자인을 스케치하였다. 빛의 섬광을 드로잉하기 시작하였다. 펜은 그가 그리는 이미지대로 종이 위에서 할퀴어나갔다. "이미지가 도립(倒立)하였다. 자! 거꾸로 나타났습니다." 시계 제작자가 이의를 제기하였다. "맞소. 그렇소." 케플러가 동의하였다. "그러나 천문학자는 괘념치 않소. 그가 드로잉을 끝냈을 때, 그는 단순히 다음 페이지로 넘길 수 있소."

뷔르기는 웃었다. "그것은 천문학자를 만족시킬 수는 있을 것입니다. 당신은 망원경으로 먼 곳을 볼 때 머리 위에 백작이 거꾸로 서 있는 것을 상상할 수 있죠?" 케플러는 멋쩍은 미소를 지었다.

케플러는 망원경과 광학에 관한 책 집필을 생각했다. 다음날 그는 굴절광학에 관한 책을 썼다. 그것이 1604년『천문학의 광학적 부분』의 광학연구에 이은 1611년의『굴절광학』연구이다. 이 두 저작은 케플러에게 가장 중요한 수학적 작품이다. 그는 약시였지만, 이 책으로 141 명제에 렌즈와 렌츠 체계에 대한 광학연구의 선구자가 되었다.

그는 두 개의 볼록렌즈로 구성된 망원경에서 조리개와 해상도의 연관을 설명하였다. 케플러는 바바리아 대공에게 설명하였다. "책출판비용이 제가 충당할 수 있는 것 보다 높습니다." 바바리아 대공이 출판경비 문제를 들어주었다, "나에게 사본을 보여주게." 그가 말했다. "대공 전하는 출판비용을 대실 수 있을 것입니다." 케플러가 암시하였다. 대공은 동의하였다. 케플러는 그에게 책을 헌정하였다.

1612년 초 마티아스 대공의 병사가 케플러를 찾아왔다. 성안에 루돌프 2세 황제가 황실 수학자를 급히 부른다는 전갈이었다. 루돌프 2세 황제는 포로처럼 프라하성에 홀로 감금되어있었다. 케플러는 황제의 곁에 갔다. "나는 더 이상 황제가 아니다. 나도 인간이다." 루돌프 2세 황제는 1612년 1월 20일 사망한다. 그의 통치로 은혜를 입은 사람들 가운데 오직 한 사람만 그의 마지막 임종을 지켰다. 케플러이다.

케플러는 사팔뜨기 눈을 하며 많은 생각에 잠겼다. "나는 프라하에 머물 이유가 없다." 그는 소리 내어 말했다. "이 도시는 나에게 너무나도 많은 아픈 기억과 고통을 안겨주었다." 봉급은 몇 달 동안 체불 상태이다. 궁궐의 파수꾼에게도 임금이 지급되지 않았다. 그의 발걸음은 어느덧 칼 대교로 옮겨가고 있었다. 본격적인 겨울이 아직 시작되지도 않았는데 갑자기 하늘이 어둑해지며 눈망울이 떨어졌다. 그가 쓴 밤색 모자 위에도 검은 외투 위에도 눈이 내렸다.

케플러는 지난 겨울까지 황실 수학자의 궁핍한 생활에 재정지원을 아끼지 않았던 폰 바켄펠스 남작이 생각났다. 그는 무를 사랑하는 헌신적인 과학과 예술의 후원자이다. 케플러는 그를 위하여 무와 같은 눈을 새해에 선물하여 놀래주고 싶은 생각이 들었다. 하늘에서 내려오는 눈은 마치 별과도 같았다. 눈은 내리자마자 곧 녹았다. 외투 위로 떨어지는 눈송이는 육각형 평면에 여섯 기둥 형태를 하였다. "솜뭉치처럼 가벼운 눈이 이다지도 엄밀한 기하학적 아름다움을 주다니! 게다가 물이 되다니!" 칼 대교에 눈이 쌓이기 시작하였다.

그는 중얼거렸다. "눈송이 구조는 이다지도 아름답지만 단단한 원자는 엄청난 무기로 변한다." "육각 눈송이는 원자와 같아! 눈의 결성체 성질을 이용하면 진쟁도 막을 수 있다."" 그는 칼 대교를 거의 건널 무렵 저 멀리 화약 탑을 건너다보며 말했다. 이렇게 하여 쓴 책이 폰 바켄펠스 남작에게 헌장한 『신년선물 혹은 육각 눈송이』이다. 그는 이 저작에서 광물, 식물 그리고 동물영역에 걸쳐 눈의 기하학적 구조, 분자구조, 결정체 형성 등을 논의하였다. 이로써 그는 빙하학과 광물학 이론의 선구자가 되었다.

11. 「마녀재판」과 3 법칙의 『우주의 조화』

케플러는 프라하의 지긋지긋한 시민전쟁을 경험하면서 튀빙겐으로 돌아갈 생각을 하였다. 아마도 뷔템베르크 대공이 매스틀린 후임을 지명할 것이다. 그는 "나는 모교에 가는 가능성을 탐색하는 것이 염려스럽다."라고 조심스럽게 적었다. 케플러가 모교로 오겠다는 의사를 타진하자 튀빙겐대학 신학 교수들이 바짝 긴장하였다. 전임 교수들은 교수임용 평가보고서의 각 항목에 나오는 내용을 자자구구(字字句句)로 비교하면서 케플러의 신앙행적을 검토하였다.

신앙 일치 조항이라는 이 공식보고서는 루터교회의 중요한 신념을 적어놓은 목록을 담는다. 이것이 정통과 이단을 구분하는 기준이 되었다. 그들은 케플러에게 교수 임용계약서에 서명하기 전에 신앙 일치 항목에 동의할 것을 요구하였다. "난 할 수 없소." 케플러가 답변하였다. "내가 이 동의서에 사인하면, 다른 기독교인을 비난하는 것입니다. 나는 같은 신도들에 대하여, 그들이 서 있든지 앉아있든지, 주님 편에서는 모두 신도들이라 믿습니다. 저는 교수로 돌아가기 위하여 공식 서명으로서 그들을 정죄할 수 없습니다. 저는 그들의 심판관으로서 나설 수 없습니다."

튀빙겐대학은 전체회의를 열고 만장일치(滿場一致)로 케플러의 교수지명을 반대하였다. "그의 종교에 대한 관점은 그를 우리 대학교수로 모실 수 없게 만든다." 그들은 말했다. 케플러는 자신의 경우를 탄원하기 위하여 튀빙겐에 갔지만, 그들은 여전히 자신을 거부한다는 사실을 확인하였다.

케플러는 프라하로 돌아와 마티아스 황제에게 상황을 설명하였다. "폐하께서는 프라하 이외의 다른 도시로 소신을 지명하십시오." 그는 황실 수학자로서 케플러를 가까이에 두고 싶어 하였다. 그는 상부 오스트리아 수도 린츠에 있는 자리를 천거하였다. 린츠는 황제가 부르면 언제나 곧바로 달려올 수 있는 지척의 거리이다. "짐이 그대를 부를 때 달려오시오." 황제가 말하였다. 봉급은 린츠시가 감당하며 본봉 300굴덴, 거주, 의복비로 60굴덴 등을 더하여 400굴덴으로 약속하였다.

케플러는 루돌프 별판의 완성, 귀족 자제에게 수학, 철학, 역사교육을 한다는 조건으로 1611년 6월 린츠로 간다. 새 황제 1612년 3월 18일 케플러를 황실의 국가 수학자로 재승인한다. 이탈리아는 케플러에게 마기니7의 후임으로 교수직을 제안하였다. 하지만, 그는 "나는 독일인으로 살아와서 여기서 살겠다."라며 린츠를 선택하였다.

린츠는 도나우강 언덕에서 바이에른 주의 경계를 두고 있었다. 케플러는 일찍이 15년 전에 그라츠에서 그의 가족과 이별하며 린츠를 지나갈 때를 떠올렸다. 케플러는 옛일을 잊고 린츠에 오자마자 곧장 교회의 봉사활동에 참여하였다. 교회 당국의 반응은 냉랭하였다. 린츠의 대학교수들은 자신의 학문적 입지를 다진 곳에 국제적 명성을 지닌 황실 수학자가 오는 것을 꺼렸다.

케플러는 린츠의 다니엘 히츨러[8] 목사를 만나러 당회장실로 갔다. 다니엘 히츨러는 수석목사로서 깔끔한 턱수염과 사각형 턱을 지닌 엄격한 사람이었다. 그는 구름같이 숯이 많은 검은 눈썹을 지녔다. 그 역시 튀빙겐대학을 다녔고, 케플러가 신앙의 일치 조항을 거부한다는 것을 알고 있었다. 히츨러는 백지 한 장과 펜을 내밀었다. "저는 이곳 담임 목사로서 선배님께 우리 종파의 교의에 대한 신앙고백을 문서로 수락해주실 것을 요청 드립니다."

그는 이었다. "인간이 미래가 있는지, 살아있는지 죽어있는지 인간의 생사는 하나님의 임재에서 결정됩니다. 인간세계에 하나님의 임재는 하나님이 인간이 되신 나사렛 예수에서 현현하셨습니다. 성만찬은 빵과 포도주를 마심으로, 성령이 오셔서

---

7 지오바니 안토니오 마기니(G. A. Magini, 1555-1617)는 이탈리아 천문학자이다.

8 다니엘 히츨러(D. Hitzler, 1576-1635)는 튀빙겐대학 출신 개신교 목회자이다.

십자가에 달리신 그리스도의 고난과 죽음의 공로를 중재합니다." 그가 물었다. "선배님께서는 성만찬에서 그리스도의 몸의 실재 임재를 믿으십니까?"

케플러가 말했다. "나는 그리스도의 성만찬의 임재는 그의 살의 임재가 아니라' 그리스도 정신의 임재'라고 생각합니다." 이어서 말했다. "그리스도의 몸은 하늘나라로 올라 가신이래로 부활과 더불어 시간과 공간에 예속되지 않습니다. 그리스도의 몸은 현재적이지 않습니다. 현재적인 것은 시간과 공간에 구속되지 않는 신성의 현재적 성령입니다." 그가 말했다. "나는 내가 이해할 수 없는 항목에 동의하는 가식을 행할 수 없습니다."

문제는 루터주의와 칼뱅주의 교의의 차이였다. 그는 과학자와 신학자로서 루터 주의와 칼뱅주의의 중간에 있었다. 히츨러는 자자구구를 따지고 드는 케플러를 엄중하게 경고하였다. "선배님께서 자꾸 이렇게 토를 다시면 저는 선배님을 해로운 양 밖에는 달리 규정할 도리가 없습니다. 저는 선배님을 양 떼가 먹고 마시고 안식하는 평화의 목초지로 안내할 수 없습니다." 그는 케플러를 비 루터파 사람으로 규정하였다. 그리고 루터 종파 공동체로부터 배제를 주장하였다.

그는 최후의 통첩을 하였다. "선배님은 우리 교회에 출석하실 수 없습니다. 주님의 성만찬은 기독교 신앙인들이 예수그리스도가 죽기 전에 잡수셨던 같은 음식을 먹음으로 그리스도의 십자가를 기억하는 의식입니다. 우리는 선배님을 주님의 성만찬에서 제외할 것입니다."[9]

케플러는 경고하였다. "나는 교회를 배척하는 어떤 죄도 짓지 않았네. 자네는 죄 없는 사람을 정죄할 수는 없네." 히츨러는 얼굴이 붉어졌다. 그는 케플러의 얼굴을 정면에 대고 한참 동안 노려보았다. 그리고 퉁명스러운 목례로 고개를 돌렸다. 케플러는 당회실 문을 박차고 나갔다. 케플러가 나가자 히츨러는 큰 소리로 분노하면서 종이를 내던졌다.

케플러는 기독교인의 성경 이야기를 기억할 때, 마음이 아팠다. 일요일 예배는 할아버지 제발드가 가족을 예배로 인도하던 바일데어슈타트의 시절부터 케플러 삶의 중심부였다. 케플러는 그때부터 지금까지 하루도 빼먹지 않고 루터의 새벽기도로 하루를 시작하였다.

성부, 성자, 성령 하나님의 이름으로, 당신의 사랑하시는 아들 예수 그리스도를 통하여 간밤에 모든 재난과 위험 앞에서 지켜주심에 감사하나이다. 몸과 마음 그리고 모든 것을 주님의 손에 맡기오니, 오늘도 주님께서 기뻐하시는 행동과 삶이 되도록, 죄와 모는 악에서 보호해 주실 것을 기도드리나이다. 거룩한 천사가 함께 하므로, 악한 원수가 저를 어쩌지 못할 것이로소이다.

케플러는 하펜레페에게 편지하였다. "저는 마음속 깊은 곳에서부터 평화를 열망합니다. 저는 매일 흩어진 신앙을 굳세게 하려고 기도합니다. 사람은 원수를 미워하지 말아야 합니다.

---

9 마태복음 26장 26-30 절과 고린도전서 12장 24절에서 26절.

저는 예수님을 사랑합니다. 교회는 주님의 이름으로 모인 형제 자매들을 흩어지지 말게 하여야 합니다." 하펜레페는 케플러의 편지에 답변하지 않았다. 린츠의 일요일 아침은 교회의 종소리로 시작되었다. 케플러는 교회 건물 안으로 들어가는 가족들의 발걸음을 멀리서 지켜만 보았다. 교회 담 너머로 찬송을 들을 수 있었다. 교회로 들어가서 예배에 가담하고 싶었다. 그러나 그렇게 할 수 없다는 것을 알고 있었다.

그는 말안장에 올랐고 린츠의 시내를 벗어나 한적한 시골 도로로 달렸다. 그가 작은 계곡으로 달려 들어갔을 때이다. 그 순간 그는 한 협곡에 숨어있는 작은 마을교회로부터 가느다랗게 흘러나오는 희미한 찬송 가락을 들었다. 그는 말에서 뛰어내렸다. 그는 교회 문으로 걸어갔다, 그는 교회 본당 밖 문에 기대어 섰다. 그의 두 눈동자가 축축해졌다. 본당 안에 있는 사람은 가난한 사람과 농부들이었다. 그들은 모두 남루한 의복을 입었지만 깨끗하고 정결하게 예배를 드리고 있었다. 그는 교회 본당 뒷문으로 밀고 들어가, 뒷자리 신도 석에 앉았다. 예배가 끝난 다음에 그들은 교회 지하실의 친교실에 둘러 모여 그를 찬송으로 환영하였다. "당신은 사랑받기 위해 태어난 사람!." 그는 시골 목사를 곁으로 다가갔다. 그는 상황을 설명하였다. "저는 루터를 존경하는 개신교도입니다. 황실 수학자로 린츠에서 교수와 국가 수리 과학업무에 종사합니다. 린츠의 교회에서 예배를 드리고 싶지만, 담임 목사님과 의견충돌로 성만찬에 참여하지 못하고 있습니다. 저는 이 교회가 저를 개신교인으로 받아들이면 예배를 드리며 성만찬에 참여하고 싶습니다." "우리는 여기서 당신을 환영합니다." 시골 목사는 그를 안심시켰다. "우리는 단순한 기독교인입니다. 만약 당신이 하나님을 사랑하고 주님의 말씀을 믿는다면, 우리는 당신을 한 형제로 생각합니다." 이날로부터, 제국의 황실 수학자 케플러는 농부와 가난한 사람들과 함께 드리는 시골교회 예배에 참석하였다.

그러나 교회문제는 린츠에서 케플러를 집요하게 궁지로 몰았다. 루터 종파 학교 관리자들은 학생들에게 케플러의 수학과목의 수강신청 철회를 독려하였다. 그 다음 그들은 학생도 없는 그의 연봉을 중단시키려고 하였다. "그의 연봉 삭감으로 시의회 비용을 절감할 수 있습니다." 그들은 심술궂게 말했다. "관구의 모든 수리 기술 및 엄밀한 측정문제의 심의 분야는 나에게 부과된 고유 업무요. 지도제작도 나의 소관이요." 케플러는 지적하였다. "학생들이 없을지라도, 나는 연봉보다 더 많이 벌고 있소." 린츠는 과학기술의 발전에 대하여 민감하게 대응하지 못하지 않고 있다. 그는 열린 마음으로 영국이나 미국과 함께 유럽의 미래를 내나보았다.

케플러의 연구가 모두 심각한 것은 아니다. 예로, 그가 프라하를 떠나기 전에 그리스도의 단생날짜를 들여다보았다. 역사적 사건의 연대기 기록은 그가 좋아하는 과거 시산의 하나였다. 그는 발견할 수 있는 모든 정보를 모았다. 그는 신약의 복음서에서 천문학 관련 자료를 분석하였다. 기독교의 초기역사는 요셉과 천문학적 사건에 관련된 기록에서 비롯된다. 그는 자신의 연구를 세례요한의 탄생일, 동방박사의 옴, 헤롯 대왕의 죽음과 연관시켰다. 그는 예수 그리스도의 탄생 연도에 대하여 예기치 못한 결론에 도달하였다. “그리스도는 기원후 5세기에 태어나셨다.” 케플러는 말했다. 내가 검토한 작업이 이런 답변으로 이끌었다. 헤롯왕의 죽음에 관한 성경 기록으로부터 예수그리스도 탄생에 관한 데이터가 추출되었다. 그는 헤롯왕의 제위 기간에 요셉이 죽은 해에 일어났던 달의 일식을 읽었다. 뒤로 계산하니, 일식 발생년도가 읽혀졌다.

케플러는 그레고리 달력의 수용을 주장하였다. “모든 유럽인이 서로 상거래로 접촉할 때 두 개의 달력은 문제를 일으킨다. 가톨릭과 개신교 국가들은 달력을 채택하였다. 독일은 그 자체로 별도의 달력을 정하고 살아갈 수는 없다.” 이것은 사람과 약속하여 정할 문제가 아니다. 일부 개신교 교인들은 케플러가 달력을 지지한다고 기소하였다. 그가 마티아스 황제를 위하여 일하였고, 대부분 가톨릭 국가는 달력을 받아들였기 때문이다. “새 달력이 더 낫다.” 케플러가 말했다. “나는 그것을 사실의 이유에서이지 다른 이유에서 선택한 것이 아니다.”

케플러는 그 동안 잊고 지냈던 두 아이를 보기 위하여 벨스로 갔다. 그들은 자이덴 할러 가족과 함께 머무르고 있었다. “너희들은 여기서 사는 것이 행복하니?” 케플러가 물었다. 수잔네가 말했다. “우리는 아빠와 있는 것이 더 행복해.” 7살 수잔네는 실제 나이보다 더 어른스러운 말을 하였다.“ 나는 아빠 밥을 해줄 수 있어.” 케플러는 부쩍 성장한 딸의 말에 미소 지었다.

케플러는 자녀들과 함께 린츠에 같이 가고 싶었지만 자녀들을 돌볼 아내가 없었다. “아이들은 엄마를 필요로 한다.” 케플러는 친구들에게 암시를 주었다. “내가 아내를 찾을까?” 케플러의 뜻을 알아차린 친구들은 재빨리 신부 감을 구하였다. 다음 몇 달 안에 11명의 신부감 명단이 올라왔다. "열한 명! 어떤 여자는 부자였고, 어떤 여자는 좋은 교육을 받았다. 어떤 여자는 귀족 가문 출신이다." 누구를 어떻게 선택할 것인가? 사랑의 문제는 마음이 우선이지, 과학의 논리가 아니다. 그의 마음을 사로잡은 여성은 다섯 번째 순위의 24살 수잔네 뢰팅거였다. 그녀는 목수의 딸로 일찍 부모를 잃고 에퍼딩에 있는 슈타렘베르크 남작 집에서 하녀로 일한다. 케플러는 여성들 앞에서 수줍음을 탔다. 그는 한 백작이 베푼 프라하의 궁성 만찬의 자리에서 황제에게 재혼 이야기를 꺼낼 수 없었다.

케플러는 수잔네 뢰팅거를 만나러 슈타렘베르크 남작의 성으로 갔다. 그가 그녀에게 청혼하려고 하였을 때, 손바닥은 땀으로 흠뻑 젖었고 입술은 말랐다. 그가 더듬거렸다. "저는 엄마가 없는 제 자녀들을 돌보아야 합니다." 그가 말했다. 그녀는 답변하였다. "저는 당신과 당신의 자녀들을 사랑할 것입니다." 그러자 그가 고백하였다. "저는 두 번째 이유를 위하여 그대에게 청혼합니다. 그대만이 제 마음을 다스리십니다. 당신을 사랑하고 싶습니다." 그녀의 얼굴이 붉어졌다. 수잔네 뢰팅거는 지위도, 돈도, 유명한 가문의 일원도 아니었나, 많은 사람은 제국 수학자가 천출의 고아와 결혼하는 것은 품위를 떨어뜨리는 것으로 생각하였다.

아빠가 재혼한다고 하자, 레기나는 썼다. "그녀는 지참금도 없다." 레기나는 신부가 집으로 들어오려면 지참금과 재산은 물론 최소한 은그릇, 속옷 등쯤은 가져와야 한다고 상식으로 알고 있었다. 케플러는 자녀들의 이의를 누그려 뜨렸다." 그녀는 기독교 교육을 받았고 좋은 지력을 지녔다. 이것은 돈보다 더 가치가 있다."

슈타렘베르크 남작은 수잔네를 하녀라기보다는 딸처럼 키웠다. 때문에 그는 결혼비용을 아끼지 않고 크고 화려한 여인숙에 황금사자상에 결혼 음식을 장만하였다. 그는 결혼식 준비를 하다가 얻은 생각으로 1권의 책을 썻다.

케플러는 한번은 와인을 장만하러 도나우강변의 와인 판매시장에 들렀다. 가보니 와인 검사관이 와인 통을 눕혀놓고 중간입구에 검침 자를 대각선 구석으로 찌르며 측정하였다. 그는 3일 후에 정확한 와인측정 방법을 알리는 『와인통의 새로운 입체기하학』이라는 책을 완성하였다. 그는 또 한번은 꿀을 장만하러 바우언베르크 공원의 양봉업자에게 갔다. 꿀벌 방을 들여다보고 내부구조에 천체의 모든 비밀이 모여 있는 것을 보고 놀랐다. 벌꿀은 꿀을 저장하기에 편리한 삼각형, 사각형, 육각형을 총동원하여 빈틈없이 표면을 매우고 있었다. 꿀벌은 근접으로 자신의 몸통을 무수한 둔각(鈍角)을[10] 유지하므로 원 형태로 둥지에 들어가고 빠져나갔다. 그들은 꼬리에서 꼬리를 물고 쉽게 집을 빠져나오는 최적의 배열을 찾았다. 그는 하늘에서 내려오는 눈도 행성과 같으며, 땅에서 열매를 맺는 과일과 벌들도 하나님의 창조섭리를 보여준다고 확신하였다. 그는 이 내용을 1611년 『신년선물 혹은 육각눈송이』에서 자세히 밝혔다.

---

10 90도 보다 크고 180도 보다 작은 각이다.

결혼식에 마티아스 황제도 참석하였다. 전 유럽의 사절단도 황제를 따라 결혼식에 방문객으로 왔다. 그들은 신혼 쌍에게 부조금과 선물을 주었다. 첫날밤 수잔네는 여전히 뜯지 않은 포장선물이었다. "보세요." 그녀가 불렀다. 그녀는 상기된 모습으로 적어도 40굴덴의 값이 나가는 황금 컵을 조심스럽게 벗겼다. "누가 이것을 보냈나요?" 대답이 없었다. "케플러, 당신은 어디에 있나요?" 그녀가 불렀다. 그녀는 일식을 관찰하는 발코니에서 케플러를 찾았다.

그녀가 마차로 자이덴 할러 사유지로 두 자녀를 데리러 왔을 때까지도, 자녀들은 의붓어머니를 여전히 못마땅해 하였다. 어른 수잔네는 이해심이 많았다. 아이 수잔네가 집에서 총총 걸어 나왔다. 그녀는 레이스의 칼라에 흰 보닛을 입었다. 꽃가마로 장식된 마차가 정지하였다. 케플러가 마차에서 내리는 아내를 돕는 동안, 소녀는 뻣뻣하게 서 있었다. 소녀의 눈에는 아무런 감정이 실리지 않았다. 어른 수잔네는 소녀에게 말했다. "저는 당신의 도움이 필요합니다. 아버님께시는 오랜 시간을 당신을 키우시느라 정작 자신은 잘 돌보지 못하고 계십니다." 작은 소녀는 그제서야 미소 지었다. "아마도 당신은 지금 보다는 더 많이 아빠를 목욕시켜드릴 수 있을 겁니다." 어른 수잔네가 말했다.

케플러는 집안의 작은 문 통로로 걸어 들어온 아내를 불렀다. "수잔네, 여기 와서 루드비히를 봐." 아내와 수잔네는 그의 부름에 답변하였다. 케플러는 웃었다. "지금 두 수잔네들이 있네." 그는 루드비히를 치켜들어 올렸다. 여섯 살 소년은 놀란 눈으로 수잔네를 내려다보았다. 그가 누나에게 큰 소리로 소리쳤다.

"야, 예쁘다." 아이 수잔네가 말했다. "우리 새 엄마야. 넌 행복하지 않니?" 드디어 아이 수잔네가 풀어졌다. 케플러는 그들을 모두를 팔에 모았다, 아내, 아들, 딸, 얼마나 놀라운 가족이냐!

케플러는 오랫만에 새 아내와 두 자녀들과 함께 잠자리에 들었다. 그는 저녁 잠자리에 들 때 무릎 꿇고 루터의 저녁기도를 드렸다. "성부, 성자, 성령 하나님 이름으로 아멘." 하늘에 계신 아버지 하나님께 감사기도를 올렸다.

제가 부당하게 행동하였던 저의 모든 죄를 용서하시고 이 밤을 은혜로 지켜주실 것을 기도드리나이다. 거룩한 천사가 저와 함께 하므로, 악한 원수가 저를 어쩌지 못할 것이로소이다.

행복한 종교생활은 과학에서 케플러의 관심을 새롭게 일깨웠다. 그는 행성을 연구하기 위하여 다시 깊이 파고 들어갔다. 이번에는 행성들이 일정한 속도로 운동하는 이유를 설명하기 위한 일반적 패턴을 찾았다. "왜 토성이 이렇게 늦게 움직이는지를 설명하는 규칙이 있어야 한다."

케플러는 사색하였다. "토성은 거의 30년에 한번씩 태양 둘레를 공전한다. 멀리서 운동할수록 태양에서 토성으로 가는 힘은 약해진다. 그러나 얼마나 더 약하게 가나?" 그는 3 법칙을 수잔네에게 설명하였다. "내가 『우주의 비밀』을 처음 썼을 당시 아주 젊었지. 그때 썼던 많은 것들은 틀렸어. 아이디어들은 불완전했어. 지금 나는 더 깊은 이해를 하고 있어." 그는 행성에 관한 더 많은 정보가 들어있는 새로운 책을 원했다. 그는 자신의 법칙으로 하나님의 창조영광을 보여주고 싶었다. "그 법칙으로 자연 세계, 인간세계, 신의 세계, 이 모든 것이 서로 적합하게 어울린다."

케플러는 수잔네의 손을 꽉 잡고 말했다. "그것이 『우주의 조화』라고 부르는 책이다. 과학자와 기독교인이 읽을 수 있는 책이다."

그는 집의 옥상에 설치한 연구실에서 엄청난 시간을 보냈다. 한번은 수잔네가 쟁반으로 그에게 음식을 날랐다. 문밖에서 그녀는 남편이 가볍게 노래 부르는 소리를 들었다. 그는 단일한 음표에 다양한 음계로 노래를 불렀다. 그녀가 노크하였다. "들어오세요." 그가 말했다. 그녀가 방안으로 차를 들고 들어갔다. 그는 창문 가까이에 있는 책상에서 집필에 몰두하였다. 차트와 다이어그램은 벽에 빽빽하게 적어놓았다. 편지, 책 소포, 미출간 원고들이 테이블에서 마룻바닥까지 엎질러져 있다. 책 종이와 잉크 냄새가 방안을 채웠다. 방 한구석에는 쉬카르트가 보내준 계산기가 사용되지 않은 채 놓여있었다. 그는 계산을 쉽게 할 바퀴와 기어 설계를 주문하였다.

수잔네는 남편이 부르는 노래에 관하여 물었다. 그는 설명하였다. "왜, 응, 노래를 작곡하고 있어. 그것은 행성들이 부르는 노래야. 보아라. 나는 태양으로부터 각 행성까지에 거리에 일정한 음표를 정했다. 인간의 음역에서 보면 수성의 소리는 소프라노, 화성은 테너이고, 토성의 소리는 깊은 베이스이다." "그리고 지구는?" 그녀가 물었다. 케플러는 말했다. "지구는 금성과 더불어 알토이다. 지구의 노래는 몇 번이고 반복해서 미 파

미로 돈다. 연민과 불행 그리고 또 연민이다!"

수잔네는 음식을 담은 쟁반을 내려놓았다. 방을 떠났다. 그녀는 남편의 작업이 얼마나 심각한지 혹은 가벼운 것인지를 확인할 길이 없었다. 저술 작업은 계속되었다. 처음에 가족은 발끝으로 문을 지나갔다. 그다음 그가 그들이 지나가는 소리를 들을 수 없을 정도로 연구에 집중하고 있다는 것을 알았다. 그는 어느 누구도 들어갈 수 없는 세계에 빠져있었다. 그는 몇 시간 동안 앉아있었다. 그의 눈은 좀 더 거리를 찾고 있었다. 그의 머리는 인간의 귀로는 들을 수 없는 희미한 소리라도 들을 수 있는 것 인양 갸우뚱하였다.

그는 어느날 갑자기 강도 높은 정신 활동으로 자신의 영혼이 하늘로 올라가는 것을 보았다. 펜이 종이 위로 날아다녔다. 그가 찍은 점은 원고를 긁았다. 과학 세계를 이해할 것인가? 그는 그 자신에 대하여 놀랐다. 그가 찍은 것을 보다 안전하게 연주할 수는 없을까? 보다 대중적으로 책을 만들 수는 없을까? 그는 단호하였다. "용기가 없는 과학은 죽음이다." 나는 모험할 것이다. 『우주의 조화』는 독자를 만나기 위하여 백 년이 걸려도 좋다. 내게는 모두 같은 시간이다."

1615년 가을, 케플러의 세계로 무시될 수 없는 긴급 사안이 일어났다. 그것은 집 밖의 마구간에서 말을 끌어당기며 덜컥거리는 소리에서 비롯하였다. 그는 계단까지 뛰어 올라온 마부가 외치는 소리를 들었다. 그는 대문에서 고래고래 소리를 질렀다. 그의 동생 크리스토퍼가 놀랍고 초췌한 모습으로 거의 쓰러지다시피 거실 안으로 들어왔다. "무슨 일인지 좀 천천히 말해봐?" 케플러가 소리 질렀다. 그는 크리스토퍼를 거실 의자에 앉도록 하였다. 크리스토퍼는 숨 쉬지도 않고 말했다. "레온베르크에 가공스러운 뉴스가 생겼다. 그들은 어머니를 마녀로 기소하였다. 어머니는 확실히 유죄 선고를 받을 것이다. 형이 돕지 않으면 어머니는 산채로 숯덩이로 변할 것이다."

케플러는 이미 간파하였다. "내가 일단 거기로 가보아야겠다. 너는 여기에 머물고 쉬었다 오너라." 크리스토퍼는 거부하였다. "도시 전체가 무장되어 있다. 우리 가족도 안전하지 않다. 같이 가자." 케플러가 말했다. "알았다, 빨리 따라 나서라!" 그가 말했을 때 그는 이미 컬트 바지의 벨트를 조이고 있었다. 수잔네가 대문 앞에서 백지장 같은 얼굴로 섰다. 케플러는 말에 오르면서 어깨너머로 그녀에게 집안일을 부탁하였다. "나는 이 사건의 중대성을 이해할 때 연락할 것이요."

케플러는 말에 앉았다. 고삐를 잡고 자신을 말안장으로 당기고 다리로 박차를 가했다. 크리스토퍼도 형 곁에서 또 다른 말을 타고 날렸다. 그는 무엇이 일어났는지를 설명하였다. "사태는 엄마와 우줄라 라인볼드 아줌마 사이의 불화에서 터졌다." "왜, 그들은 다 좋은 이웃이고 친구들이잖아." 케플러가 말했다. "그들은 친구였지." 크리스토퍼가 교성하였다. "어느 날 그들은 아주 시시콜콜한 문제로 다투었어. 우줄라가 화났어. 그녀는 엄마를 법원에 고자질하였어."

"기소내용이 무엇이야?" 케플러가 물었다. 우줄라는 "엄마가 악마의 마법을 건다."고 말했다. 그러자 다른 사람이 엄마가 "둥근 달밤 아래로 혼자 걸어가는 것"을 보았다고 진술했어.

그들은 엄마가 "술을 담그기 위하여 야생약초를 모은다."라고 말했어. "네가 알잖아." 크리스토퍼가 이었다. "형도 알지만, 엄마는 늙었고 외로워. 잠을 잘 수 없었고 밤낮을 가지지 않고 하루 종일 일하셨어. 엄마는 약초를 모았지. 그러나 그것은 약을 짓기 위한 것이지 마법은 아니야." "그것이 다 야?" 케플러가 물었다. "그들은 거기에서는 엄마를 유죄 선고를 할 수 없었어." 크리스토퍼가 대답하였다.

"그들은 흠 잡을 것이 없자 이번에는 엄마가 외할아버지의 두개골을 마실 컵으로 사용하였다고 주장하였어. 그들은 엄마에게 온갖 종류의 가증스러운 범죄를 뒤집어씌워 사사건건(事事件件) 고소하였어. 그들은 심지어 엄마가 소를 미치게 하였다고 하였어." "우리는 그러한 혐의가 틀렸다고 증명할 수 있다." 케플러가 말했다. 크리스토퍼가 희망이 없이 대꾸하였다. "그것은 깨진 독에 물 붓기야. 내가 그런 루머가 거짓이라고 증명하면, 다른 거짓말이 튀어 올라." 케플러는 어처구니없는 사태의 심각성을 인식하는 순간, 두 말은 곧장 레온베르크 시로 들어섰다.

케플러는 뷔템베르크 대공과 부 관방장관 파버에게 편지하였다. 그는 솔직하게 자기 엄마가 늙었고, 70세이고, 성질이 급하다고 시인하였다. "그녀는 이상하고, 다릅니다." "그렇다고 그녀를 마녀로 모나요?" 그는 튀빙겐대학의 동창생인 법학 교수인 배졸드11에게도 편지를 보냈다. "이번에 어머니 송사로

---

11 배졸드(C. Bsesold,1577-1633)는 튀빙겐대학 법학교수이다.

올라간다."

그는 담당 판사에게 갔다. "저는 제 모친에게 부과된 고소가 문서로 충분하게 입증되어야 한다고 주장합니다. 담당 판사는 심술 궂게 동의하였다. 그는 우줄라와 그녀의 오빠 우르반의 친구로서 피고의 유죄를 원했다. 크리스토퍼가 케플러와 돌아오기 전에, 우르반과 법정 관리는 늦은 시간에 피고에게 칼을 들어대며 한 여자를 대면시켰다. 그들은 칼을 깩깩 소리 나도록 해가며 그녀의 목에 칼을 갖다 댔다. 그들은 그녀가 마법을 행하지 않았으면, 죽이겠다고 위협하였다. 눈매가 시원시원한 늙은 여자는 현명하게 거절하였다. 만약 그녀가 마법을 걸었다는 것을 동의하면, 그녀는 사실에 반하는 경우를 입증했어야 한다.

케플러는 그 앞에 법정기록을 놓고 관련된 모든 사람에게 변론서 내용증명을 발송하였다. "당신이 서 있는 법적 단계를 주의하십시오," "당신이 입증하지 못한다면 고소를 취하하십시오." 카타리나를 고소하는 편에 섰던 사람들이 물러섰다. 그들은 무고(誣告)를 두려워하였다. 재판관은 어쩔 수 없이 그녀를 석방하였다.

케플러의 여동생 마가레드가 말했다. "어머니가 가장 안전하게 요양하실 수 있는 곳은 레온베르크 바깥이 좋아요." 사위 빈더 목사도 어머니를 울름의 친척 집으로 보낼 것을 권유하였다. 케플러는 어머니를 데리고 울름으로 갔다가 다시 린츠로 갔다. 케플러는 어머니를 린츠의 가족에게 맡겨두고 자신은 1617년 2월 업무차 프라하에서 두 달을 머문다. 그는 프라하 체류 기간에 네피어의 로그 계산방식을 접하여 『놀라운 로그

표의 기술』에 대한 논문을 쓰고, 『예수』에 관한 글을 익명으로 출간한다.

그가 린츠로 돌아오자 아내는 1617년 7월 31일 딸을 낳았다. 케플러는 할머니 이름을 따서 딸의 이름을 카타리나로 지었지만 9월 8일에 3살을 넘기지 못하고 죽는다. 케플러는 레기나 에헴이 36세의 일기로 10월 4일 사망했다는 소식을 듣는다. 사위 에햄은 레겐스부르크에서 다섯 살 딸 수잔네를 보살펴달라고 장인에게 편지를 보낸다.

그는 손녀 수잔네를 데리러 1617년 10월 린츠에서 배로 레겐스부르크로 떠난다. 그는 도나우 강을 스치며 지나가는 길고 지루한 배 여행에 빈센치오 갈릴레이의12 『고대와 현대음악에 대한 서한』을 즐겁게 읽었다. 한편 어머니는 이전과 같이 불안하게 몇 달만 머무르며 린츠 주변을 방황하였다. 멀리 떨어진 친척도 방문한 다음 레온베르크로 돌아갔다.

그녀가 고향으로 돌아오자, 레온베르크 담당 판사는 그녀를 또다시 마녀로서 감금할 것을 명령하였다. 그때까지도 크리스토퍼와 마가레트는 그들이 이제는 어머니의 변호를 담당할 수 있다고 믿었다. 케플러도 책을 집필하러 린츠로 돌아왔다. 마녀재판은 그에게 『우주의 조화』를 쓸 더 많은 이유를 주었다. "마녀재판이 천문학과 어떤 관계가 있는가요?" 수잔네가 물었다. 그가 아내에게 설명하였다." 이 세상에 많은 고통과 고난은 맹목적 미신으로 생긴다. 사람들은 어떻게 질서와 이성이 세계

12 빈센치오 갈릴레이(V. Galilei,1520-1591)는 천문학자 갈릴레오의 아버지로서 음악 이론가이다.

를 지배하는지를 보게 것이다. 나는 하늘의 법칙을 정할 것이다. 나를 따르는 사람들은 지금 다투고 있는 사물들을 자연법칙으로 이해할 수 있다는 것를 알게 될 것이다." 그는 계속 말했다. "우리는 자연의 모든 패턴을 이해하도록 충분하게 교육받지 못하였어. 우주의 조화는 중요한 첫 단계야." 이 이후에 그는 행성 운동 3 법칙을 적었다.

케플러 3 법칙: 한 행성 주기의 면적은 태양으로부터 떨어진 그의 입체 거리에 비례한다.

케플러 3 법칙은 강력한 도구이다. 인간은 누구라도 케플러 3 법칙의 지배를 받는다. 그는 자신이 살아간 거리를 3 법칙으로 정확하게 계산할 수 있다. 인간과는 달리, 행성 주기는 행성이 태양 둘레로 한번 도는데 걸리는 시간이다. 이 정보는 그가 브라헤의 관찰로부터 직접 읽었다. 그는 토성의 거리와 주기계산을 하였다.

"토성은 아홉 번째 행성이다. 그는 지구가 태양으로부터 떨어진 거리의 아홉 배 질반의 거리에 있다." 그는 수시로 3 법칙을 체크하였다. 그것은 잘 작동되고 있었다. 그는 책 결론을 아주 화려하게 마무리했다. 완성된 책의 복사본은 프랑크푸르트가을 도서전시회에 맞추어 출판사로 보냈다. 출판사는 여럿의 제본되지 않은 책 복사를 넘겨주었다. 그는 책의 복사본을 들고 바지선을 타고 가다 갑판의 경사 때문에 미끄러지면서 도나우강물에 빠졌다. 갑판에 있던 주변 사람들이 케플러를 끌어올렸다. 그는 물속에서 책으로 제본되지 않은 종이 묶음을 붙잡고 있었다. 그는 갑판으로 올라오자 종이를 말리기 위하여 책을 바닥에 폈다. 그는 자신의 처한 낙상에 웃었다. "『우주의 조화』는 확실히 기독교인을 위한 책이다." 그는 말했다. "이 녀석은 도나우강에서 벌써 세례까지 받았다." 기독교인은 물에서 세례를 받으므로 예수 그리스도를 구원자로 영접한다.13

그가 도서전시회에서 돌아왔을 때, 그를 기다리는 한 통의 긴급편지가 도착해있었다. 어머니의 재판이 다시 심각하게 돌아간다는 것이다. 마가레타는 썼다. "엄마는 다시 투옥되었다. 두 간수가 엄마를 온종일 감시하고 있다. 엄마는 철과 사슬로 묶여있다. 크리스토퍼와 내 남편은 엄마의 석방을 도울 수 없다. 다시 오빠의 도움이 필요하다."

케플러는 곧 뷔템베르크로 떠났다. 그런데 린츠와 뷔템베르크 사이에는 전쟁이 발발하였다. 몇 년 동안, 군주는 농부들을 싸울 군대로 만들어 1618년 초에 서로를 도륙하였다. 반란을 일으키던 그들은 지방 군주에 대항하였고 왕족들은 피를 흘렸다. 그는 여행 중에 전투에 휩싸여 한두 번 이상 거의 목숨을 잃어버릴 뻔하였다. 결국 뷔템베르크에 안전하게 당도하였다.

재판은 구엘링겐 마을로 옮겨져 열리고 있었다. 카타리나 케플러는 도시 입구에 있는 감옥 방에 쇠사슬로 묶여있었다. 그는 나이 많고 희망이 없는 어머니를 취급하는 간수의 모습에서 심장이 타 들어갔다. 그는 터질 듯한 부끄러움을 참을 수 없었다. 어머니의 손목은 쇠사슬로 심하게 부딪쳤고 머리칼은 방치된 자물쇠 곁에 떨어졌다. 음식을 주지 않아 어머니의 얼굴은

13 마태복음 3장 1절에서 6절, 13절에서 17절, 사도행전 8장 35절에서 39절.

고통 가운데 일그러졌다. 그들이 어머니를 다룬 방법은 어머니를 마치 마녀처럼 보이게 하는 것이었다. 케플러는 흥분하였다. 어머니를 부축하며 껴안았다. 어머니는 가냘픈 팔을 겨우 들어 올리며 눈을 떠 아들을 바라보았다. 공포로 얼어붙은 어머니의 야생적 눈은 아들이 보여주었던 사랑에서 부드러워졌다.

케플러는 어머니의 변론을 신청하였다. 배졸드가 충고하였다. "형사는 곧 민사로 넘어간다." 배졸드는 뷔템베르크 대공으로부터 이 재판과정을 위임받은 상태였다. 법정 기록자는 재판과정을 생생하게 적었다. "기소된 피고가 법정에 나타났다. 유감스럽게도, 피고의 아들, 황실 수학자 케플러가 피고를 동반하였다. 재판은 판결 없이 끝났다." 그것이 끝이 아니었다. 판사는 카타리나 케플러에게 고문실을 명령하였다. 간수들은 그녀의 손을 등 뒤로 묶었다. 법정 관리는 그녀를 어두운 바닥으로 내던졌다. 그는 그녀가 자신을 마녀로 인정하도록 공포로서 겁주려고 하였다. 그는 고문 도구를 손으로 가리켰다. 그리고 그녀에게 검은 두선을 쓴 법 집행자의 모습으로 나타났다.

카타리나 케플러는 반항적으로 섰다. "나를 죽이시오!" 그녀가 말했다. "당신은 나에게서 하나님의 성령과 혼령을 빼앗지 못할 것이오. 주님은 나의 구원자이시오." 법정 관리는 검을 뽑아 그녀의 가슴에 갖다 댔다. 집행관은 쇠꼬챙이를 뜨겁게 달구기 시작하였다. 카타리나는 그녀의 얇은 입술을 꽉 깨물었다. 14개월의 쇠사슬조차도 그녀의 정신을 흔들 수 없었다. 그녀는 자백하지 않았다.

법정 관리는 뒤로 물러났다. 만약 그가 카타리나를 해롭게 한다면, 황실수학자는 이 문제를 좌시하지 않을 것이다. 뷔템베르크 대공에게 갈 것이다. 백작은 무지한 여성을 부당하게 처벌하였던 관료들의 불의를 문초할 것이다.

일주일 후, 그녀를 감금하고 있던 감옥 문과 족쇄의 자물쇠가 찰칵하고 열렸다. 그들은 그녀를 석방하였다.

12. 에필로그: 지구의 그림자를 잰 천문학자, 영원한 안식

1617년 마티아스 황제는 합스부르크가의 조카 페르디난트 2세 선제후를 후계자로 지명한다. 그에게는 신성로마제국의 대통을 이을 법적인 자식이 없었다. 페르디난트 대공은 강한 반개신교 성향의 군주이다. 개신교의 귀족층과 보헤미아의 자영농민들은 반종교개혁의 페르디난트 대공에게 반기를 들었다. 뿔 난 개신교 대표들은 보헤미아 수상관저 3층 회의실에서 2명의 가톨릭 섭정관과 1명의 비서관을 창밖으로 내던졌다. 마르티니츠 백작과 츨룸 백작, 필리프 파브리키우스 비서관 세 사람이었다.

이것이 1618년 5월 23일 프라하의 창밖투척 사건이다. 그들은 21m 높이에서 떨어졌지만 살았다. "성모 마리아의 은총으로 살아났다." 한 이탈리아 관광객이 말했다. "미카엘 대천사가 수호천사를 보내 그들을 공중에서 받아낸 것이다." 한 가톨릭 교도가 말했다. 개신교도들은 "그들은 두엄더미에 떨어졌기 때문에 살아남았다!"라는 전단지를 돌렸다.

1619년 3월 20일 마티아스 황제가 사망하자, 보헤미아의 개신교도들은 영국의 제임스 1세의 사위 프리드리히 5세 폰 팔츠를 왕으로 옹립하였다. 가톨릭과 개신교가 보헤미아를 두고 싸움이 벌어진 것이다. 신임 황제는 바이에른의 막시밀리안 대공을 끌어들여 1620년 7월에 린츠로 쳐들어간다. 린츠를 장악한 황제의 군대는 파죽지세(破竹之勢)로 보헤미아 저항군을 패배시키고 개신교 세력을 진압한다. 이것이 그 유명한 1620년 11월 8일 백산 전투이다.

프라하 인근에서 벌어진 백산전투

황제는 백산 전투 승리 이후 보헤미아에서 개신교 세력을 뿌리 뽑으려고 개신교도들을 투옥하고 전 재산을 몰수하였다. 그는 1621년 6월 21일 프라하에서 27명의 개신교 지도자들을 참수하여 칼 대교 교탑에 내걸었다. 반군에 대한 처벌로서 개신교에 대한 강한 경고였다. 오늘날 프라하 광장에는 이들의 죽음을 기리는 기념물이 옛일을 추억하고 있다.

케플러는 황실 수학자로서 황위 승계식과 피비린내 나는 전쟁에 대하여 특별하게 할 수 있는 것은 없었다. 그러나 과학적 이해와 설명을 필요로 하는 부분이있다. "창문 밖 투척"이라는 것은 서로 다른 무게를 지닌 3명의 하강을 "성모 마리아의 은총"이라고 부르는 것에 불과하다. 갈릴레오의 자유낙하실험으로도 간단하게 이해할 수 있는 일이다. 린츠의 농민군과 황실의 군대가 대치하여 싸우는 것도, 마치 두 돌멩이집단 사이의 인력작용으로 풀이할 수 있다. 서로 다른 무게를 갖는 돌멩이들이 서로 충돌이 없어 조화롭게 공전하는 것이 케플러가 생각하는 우주의 조화이었나.

케플러는 신구갈등에서 교회통일을 바랐다. 그는 이러한 희망을 담아 『우주의 조화』를 영국 왕 야곱 1세에게 헌정한다. 야곱 1세는 팔츠의 프리드리히 뵈멘 왕의 장인으로 개신교도 왕이다. 케플러가 취한 태도를 보면 프라하 광장에 효수된 개신교 지도자에 명단만 빠졌을 뿐 그곳에 있는 것이나 마찬가지였다.

케플러는 프라하의 피의 숙청으로 자신의 개신교 신앙이 위협을 받으며 학문적 입지가 좁아졌다는 것을 느꼈다.

페르디난트 2세 황제는 1621년 12월 30일 케플러에게 황실 수학자의 지위를 계속 승인하였다. 그러나 1622년 린츠에서도 그라츠와 같이 개신교 교도에게 가톨릭으로 개종하지 않으면 그곳을 떠나라는 칙령이 기다렸다.

케플러는 브라헤 데이터를 통하여 루돌프 2세 황제의 숙원 사업인 별표를 완성하라는 전임 황명을 요청하였다. 그는『루돌프표』를 완성하라는 황명으로 추방을 피하면서 별판 계산 과제를 계속하였다. 그에게 가톨릭의 개종은 모든 것을 보장한다. 그러나 케플러는 3명의 황제를 거쳐 가며 '나라이 임하옵시며'를 고대하며 개신교 신앙을 지켰다.

그가 그동안 별들의 관찰기록에 대한 편집 작업을 중단한데는 이유가 있다. 브라헤의 후계자들이 그를 방해한 것은 아니다. 그를 지연시킨 이유는 작품에 포함된 믿을 수 없는 설명 때문이다. 브라헤의 모든 데이터는 조야하며 재조직될 필요가 있었다. 인용하기 쉬운 별표를 만들려면 많은 부분이 교정되어야 한다. 그렇지 않으면 그 데이터는 사용할 수 없다. 예를 들어, 지평선 근처의 한 별은 실제 보다 더 밝게 나타난다. 대기권이 그의 빛을 구부렸기 때문이다. 그것을 목록에서 표시하려면 빛이 구부려지는 대기권 효과에 대한 설명이 있어야 한다.

케플러는 로그표라고 부르는 새로운 계산방법을 이용하였다. 로그표는 계산을 엄청나게 단축하였다. 로그표의 도움에도 불구하고 관측기록 교정 작업에는 오랜 시간이 걸린다. "만약 그것이 정돈되어 있다면, 이유는 단순하다." 그가 수잔네에게 말했다. "그것은 내가 수십 번도 넘게 작업하였기 때문이다." "아빠는 책제목을 뭘로 정하려고 하세요?" 수잔네가 물었다. 그가 설명하였다. “브라헤는 자신을 프라하로 초대하였던 루돌프 2세 황제의 이름에서 『루돌프표』라는 제목을 생각하였다. 『루돌프표』는 루돌프 2세 황제의 탄생부터 별들의 위치와 위상에 대한 기록을 담고 있다.”

개신교도이든 가톨릭교도이든 종파를 가리지 않고 『루돌프표』 출간을 문의하였다. 특히 천문학자와 달력 제작자들은 브라헤 관찰기록의 출간을 학수고대(鶴首苦待)하였다. 바다를 여행하는 항해사, 천문학자, 점성술사들에게는 별들의 정확한 관찰기록이 생명줄이였다. 루돌프 별판 작업의 진척 상황이 궁금한 사람들은 편지로 문의하였다. “언제 끝낼 것입니까?” 그는 1623년 12월 책의 마지막 기록을 적을 수 있었다.

케플러는 그들에게 편지로 답변하였다. “나는 항구를 볼 수 있었다.” 그는 브라헤가 측정한 1005개의 별의 위치와 프톨레마이오스와 바이어가 발견한 400개 이상의 별의 기록을 작성하였다. 그는 낱낱의 기록을 하나로 묶었다. 슬며시 지나가는 오류들을 피하려고 출력물을 수십 차례나 검열하였다. 린츠에는 출판사나 훈련받은 전문출판업자가 없었다. 그는 뉴른베르크의 출판사 상인 프랑크를 린츠에 불러서 출판하기로 하였다.

출판작업이 시작되자 불온서적 검열이 대대적으로 일어났다. 린츠에 남아있는 개신교 거주자에게 그들이 소지하는 책의 검열에 이어 추방령이 내려진다. 병사들은 마을 집회광장에서 수집한 불온문서들을 모아놓고 불태웠다. 수색 병사들은 케플러 집에 와서 검으로 대문 손잡이를 치면서 소리쳤다. 케플러가 항의하자 그들은 그를 뒤로 밀어버리고 도서관으로 직행하였다. 그들은 그의 책을 모두 가죽부대에 담기 시작하였다. 한 병사가 설명하였다. "개혁 위원회 명령에 따라서 이 책들은 이단으로 검열되기 전에 봉인될 것입니다."

케플러는 외마디 소리를 질렀다. 그들이 신약의 희랍어 편집판본을 포대 안으로 던져지는 것을 보았기 때문이다. 튀빙겐대학 시절 이래로 이용하던 서적이다. "나는 이것을 허용할 수 없다." 그는 외쳤다. 그의 얼굴은 붉어졌다. "나는 어떤 댓가를 치르더라도『성경』은 포기할 수 없다." 한 병사는 그의 측면에 차고 있던 검을 뽑아 케플러의 손에 갖다 댔다. 루터가 번역한 위대한 독일어 성경본이 책 포대 꼭대기에 놓인 것이 보였다. "어떻게 해야 하나?" 그는 분노하였다.

그는 연구실을 빠져 나와 예수회 친구 파울 굴딘에게[1] 달려갔다. "나는『루돌프표』출간을 마칠 때까지 린츠에 머물려 했네. 하지만 이제 이마저도 포기하려네." 그는 말했다. 굴딘이 그에게 편지 한 통을 건냈다. 여러 해를 거쳐 배편으로 중국에서 날라 온 편지였다. "이것 좀 읽어보게." 그가 케플러에게 말했다. "예수회 선교사 슈렉[2]이 중국에서 1623년 잉골슈타트 대학의 교수들 앞으로 편지를 보냈네. 그는 갈릴레오에게 수학을 배웠고 지금은 중국에서 일하고 있네." "슈렉은 이 편지에서 달에 대한 최신 이론을 문의하였네."

케플러는 말했다. "내가 바쁘네. 나는 이 땅을 떠나겠네. 그

---

1 굴딘(P. Guldin,1577-1643)은 스위스 예수회 수학자이자 천문학자이다.
2 슈렉(J. Schreck,1576-1630)은 예수회 선교사로 중국에서 활동한 독일 천문학자이다.

러나 책과 천문학 자체는 나에게로 돌아와야 하네." 그는 뒤이어 말했다. "슈렉의 편지는 내가 나중에 답장해 주겠네." 굴딘이 개입하였다. 케플러의 책은 다시 서재로 돌아왔다.

린츠의 농민전쟁은 독일과 오스트리아 전체를 통틀어 가장 피비린내 나는 싸움이다. 인구의 4분지 1이 죽었다. 대부분 소와 말들은 음식을 위하여 도살되었다. 제국의 군대와 농민반란군이 교전에 들어갔다. 온 나라는 피비린내 나는 전쟁터가 되었다. 전쟁은 린츠를 두려움과 공포로 몰아갔다. 제국의 군단은 도시를 방어하였다. 제국의 군대는 주둔지의 식량 공급 보급로 확보에 어려움을 겪었다.

농민들은 린츠를 포위하고 조이기 시작하였다. 4일, 8일, 10일. 식량은 부족하였다. 어쨌든 수잔네는 가족을 위한 식량을 찾아 나섰다. 케플러가 말했다. "우리는 결코 말고기를 맛보지 말아야 한다. 천사들이 우리를 굽어보신다!." 농민들은 공격하였다. 대포는 땅이 뒤흔들리는 굉음으로 화염을 내 뿜었다. 기둥에 불이 붙었고 연기가 났다.

병사들은 플랑크 출판사를 덮쳤다. 혼란 가운데 케플러는 옆집 대문에서 외치는 외마디 소리를 들었다. "플랑크 출판사에서 불이 났다!" 그는 곧바로 옆 도보 사잇길로 달렸다. 가쁜 숨을 몰아가면서, 병사들 사이를 밀고 들어갔다. 오직 하나의 생각만이 그의 마음을 붙잡고 있었다. 『루돌프표』를 구출하라! 지하실로 달렸다. 불이 위층으로 탁탁 타들어 갔다. 연기가 그의 코를 태우고 눈을 찔렀다. 종업원이 윤전기 앞에 흩어진 종이를 주워모았다. "인쇄된 종이는 잊어!" 케플러가 소리쳤다.

"필사본을 구하라." 플랑크는 끄덕였다. 그는 윤전기로 갔다. 느슨한 종이를 뽑아내기 시작하였다. 그들은 필사본을 움켜잡았다. 어떤 페이지는 그을렸다. 유일한 조판을 구하는 데에는 실패하였다. 하지만 빠른 행동으로 전체의 사본은 구할 수 있었다. 그들은 허리를 굽히고 걸어가며 비틀거리고 콜록콜록하였다. 화염으로 거슬린 그들의 얼굴에는 흰 이빨만 반짝거렸다.

해질 무렵 피해 범위가 드러났다. 출판 압연기는 파괴되었다. 인쇄된 모든 페이지는 재로 변했다. 두 사람은 연기 나는 인쇄 바닥의 잡석을 지나면서 꼬챙이로 바닥을 쿡쿡 쑤셨다. 그들은 이미 활자가 된 여러 단면을 찾았다. 케플러는 변속 활자를 깨끗하게 닦은 다음 그들을 호주머니 속에 집어넣었다. 더이상 린츠에 머물 마음이 없어졌다. 가공스러운 상처가 남은 시민들은 모두 삶을 갈망하면서 죽어가는 사람 같았다.

케플러는 말했다. "우리는 울름으로 갈 것이다. 거기에 좋은 출판사가 있다. 만약 우리가 서두르면, 책은 다음 해 프랑크푸르트 도서출판박람회에 맞추어 출간 할 수 있을 것이다." 그는 먼저 가족을 레겐스부르크로 보냈다. 그는 비싼 사본과 책을 챙겨 배를 이용하려 하였다. 날씨가 추워지면서 강이 얼이 길이 끊겼다. 배는 얼음에 가두어진 이상 더 이상 다닐 수 없었다. 마차를 대여하여 사본과 블럭 활자를 모두 실었다. 마차는 울름까지 육로를 덜컹거리며 갔다.

그는 울름에 들르자 호르스트 의사의 집에 숙박하기로 하였다. 호르스트는 본채와 연결되는 건물에 그가 머물 방을 준비하였다. 울름의 출판업자 요나스 자우어에게 출판을 의뢰하였다. 작업을 시작하자, 항해사, 달력 제작자, 천문학자, 과학자들은 책이 나오기를 시끄럽게 요구하였다. 때 마침 프랑크푸르트 도서전시회의 출품조건을 맞출 수 있게 되었다.

케플러는 1628년 5월 출간된 책을 들고 황제가 있는 프라하로 향했다. 가는 길에 레겐스부르크 가족에 들렀고 울름을 거쳐 그라츠에 도착한다. 그는 1628년 6월 린츠 의회에 황실 수학자 임무의 사임을 청원하며 『루돌프표』를 선물한다. 린츠 의회는 케플러에게 여행비 조로 200굴덴을 지급한다. 그는 9월 15일 여행을 떠나 22일에 프랑크푸르트에 도착하며 책 가격을 3굴덴으로 결정한다. 높은 가격이었지만 날개 달린 듯이 팔렸다. 과학기술의 실천적 종사자들은 별과 행성들의 위치에 대한 정확한 데이터가 필요하였다. 그들은 절판되기 전에 먼저 작품을 구입하려고 손을 뻗쳤다.

책의 성공은 브라헤에 대한 깊은 존경심을 불러일으켰고, 케플러는 더욱 유명해졌다. 케플러는 크리스마스가 지나면서 프라하에 도착하여 페르디난트 황제에게 『루돌프표』를 선물한다. 황제는 서류상 울름과 뉴른베르크 시에서 지급하라는 4,000굴덴의 약속어음을 준다.

황제는 케플러에게 더 많은 거액연봉과 더 높은 시위를 보상하였다. "그러나 궁중의 모든 사람은 가톨릭 신앙을 수용하여야 한다." 황제가 말했다. 케플러는 이 문제를 고려조차 하지 않았다. "하나님을 향한 소신의 감정은, 만약 오직 지금, 제가 가톨릭이 된다면, 이상할 것입니다."

어디로 가야 하나? 어떤 사람은 그가 독일을 떠난다고 암시하였다. 영국과 이탈리아는 케플러를 자국에 초대하였다. 두 나라의 사절단은 말했다. "당신은 환영입니다. 오십시오." 케플러는 다시 거절하였다. "나는 태생적으로 독일에서 교육을 받으며 살아왔고 동포와 결혼한 독일인입니다. 나는 내가 살아온 조국을 떠날 수 없습니다."

프라하 황성에서는 덴마크의 개신교 크리스티안 국왕을 네 번이나 물리친 발렌슈타인 장군이[3] 있었다. 그래서 프라하의 정치권력의 중심은 발렌슈타인으로 이동하고 있었다. 페르디난트 황제의 총참모장 발렌슈타인 백작이 케플러의 어려움을 들어주었다. "슐레지엔의 자간에 오시오. 내가 그대를 위하여 모든 지원을 아끼지 않으리다. 나를 위하여 일해 주시오." 발렌슈타인 백작이 말했다. 그는 케플러에게 황제로부터 받을 빚 11,817 굴덴에 대한 지급보증을 하겠다고 나섰다. 자간에 숙식과 출판설비 및 출판을 관장할 연구공간과 1,000굴덴의 봉급을 제안한다.

케플러는 이전에 누군가의 부탁으로 그에 대한 점성술적 해명을 해준 적이 있었다. 그가 승승장구(乘勝長驅)하는 것은 맞지만 어느 시점 이후로는 별점이 나오지 않았다. 케플러는 궁여지책(窮餘之策)으로 그의 제안을 수락하였다. 케플러는 1628년 7월 25일 발렌슈타인 장군의 정치적 근거지인 자간에 도착한다.

그가 거기에 체류하는 동안에 한 젊은 수학자이며 의학도가 그를 도왔다. 그는 별점을 쳤고, 달력을 썼고 중요한 천체사건

---

3 발렌슈타인(A. W. E. von Wallenstein,1583-1634) 대공은 슐레지엔 백작이다.

을 예측하였다. 이 의학도의 이름은 야곱 바르춰4이었다. 케플러는 야곱을 매우 좋게 생각하였다. 젊은 조수와 수잔네는 나이가 같다. 야곱도 수잔네도 서로를 본 적이 없는 미혼이다. 케플러는 그들의 결혼이 삶의 과정임을 확신하면서 야곱에게 딸을 소개하였다. 수잔네는 귀족 집에서 하녀로 일했다. 야곱은 매력적인 수잔네를 방문하였다. 야곱은 그녀에게 청혼하였고 그녀는 서슴없이 동의하였다.

케플러는 아내가 출산을 앞두고 있어서 결혼식에 참석할 수 없었다. 그래서 슈트라스부르크 대학의 베르네거 역사학 교수5에게 아버지 역할을 위임하였다. 결혼식은 1630년 3월 슈트라스부르크 대성당에서 거행되었다. 야곱 바르춰는 결혼식날 아침에 슈트라스부르크 대학에서 의학박사 학위를 마쳤다. 그는 새로운 신분의 호칭인 의사로 수잔네와 결혼식을 올렸다. 대학 총장, 교수들, 저명인사들 그리고 도시의 저명여성들이 축제에 참석하였다. 결혼식은 전쟁으로 시달린 슈트라스부르크 시민에게 기념할만한 밝고 행복한 시간을 안겨주었다. 구경꾼들은 거리에서 교회 결혼식장까지 운집하여 전쟁은 잊고 결혼과정을 보았다. 그들은 흥분의 물결을 가라앉히고 케플러 가족의 구성원을 알아맞히었다.

교회결혼식 후에 도시 관료들은 두 사람을 위한 결혼축제를 베

---

4 야콥 바르춰(J. Bartsch,1699-1633)는 슈트라스부르크 대학 출신 의사로 케플러 사위이다.

5 마티아스 베르네거(M. Bernegger, 1582-1640)는 슈트라스부르크 대학 역사학 교수이다.

풀어 주었다. 이날은 케플러의 가장 행복한 하루가 되었다. "수잔네의 날이다. 우리 딸은 더 작은 별들 가운데 달과 같이 빛났다." 브레네거가 케플러에게 편지를 보냈다. 며칠 지나서 아내 수잔네가 딸을 선물하였다. 안나 마리아 라고 이름을 지었다. 케플러와 케플러의 딸과 딸은 이날 생애에 가장 행복한 날을 맞이하였다.

케플러는 미완의 업무를 정상으로 돌려놓고 긴장을 풀었다. 그리고 울름을 떠난 이래로 개봉하지 않았던 트렁크를 열었다. 트렁크에는 다 헤어진 오래된 사본 하나가 나왔다. 트렁크 안의 지갑을 열자 곧 원고 뭉치가 들어있었다. "아!", 그는 자신에게 중얼거렸다. "이 책은 달의 여행에 관한 이야기지," 나는 꿈이라고 부른 이야기에 잠들면서, 달의 일식 동안에 달로 끌려간 한 소년으로 말하였다. 이 이야기는 가볍게 지저귀는 종달새 같이 끝났다. 그는 순수한 재미를 위하여 썼다. 『꿈』이라고 부르는 이 원고는 과학과 허구를 결합한 소설이었다.

레겐스부르크 석교

케플러의 60번째 생일에 가까워졌다. 밀린 봉급이 2,000굴덴에 달했다. 20채 집을 사기에도 충분한 돈이다. 황제는 밀린 봉급 지급에 동의하며 서명하였다. "그러나 돈은 린츠에 있다."

1630년 11월, 케플러는 2굴덴에 조랑말을 구입하였다. 그는 조랑말을 타고 생애의 마지막 전투적인 여행길을 나섰다. 그는 전쟁으로 황폐하게 변해버린 시골길을 지나갔다. 추운 날씨가 닥쳤다. 비에 길이 진창으로 얼었다. 1월 11일, 그는 깡마른 조랑말로 레겐스부르크 석교를 건넜다. 추위, 젖은 안개가 그를 뼛 속까지 한기를 몰고 왔다. "나는 여기서 쉴 것이다."

케플러는 여러 해 동안 레겐스부르크를 여러 번 지나다녔다. 거기에 많은 친구를 알고 있었다. 한 사람이 그를 불렀다. "케플러 씨! 당신은 몹시 수척해 보입니다." 케플러는 귀에 익은 목소리에 몸을 돌렸다. 그는 힐레브란트 빌지를 반가운 얼굴로 알아보며 말하였다. "나는 추위에 너무나 떨어서 몹시 피곤하네." 케플러가 이었다. "나는 따뜻한 침대에서 푹 쉬면서 자고 싶네." "제 집에서 따뜻한 밤을 보내시죠." 빌지는 제안하였다. 케플러가 말에서 내리려다가 추위에 마비된 발을 헛디뎌 안장에서 떨어졌다. 빌지가 쓰러진 케플러를 도와 부추켜 일으켰다. "내 머리가 멍해지네." 케플러가 말했다. "의사를 부르도록 하죠." 빌지가 다급하게 외쳤다. "부르지 말게." 케플러가 말렸다. "나는 침대에 잠시 누어 쉴 것이네." 케플러는 온몸이 불덩이처럼 달아올랐다. 다음날 아침 일어날 수 없었다. 삼일이 지나도 고통스러워하며 차도를 보이지 않았다. 빌지는 의사를 불렀다. 의사는 케플러를 검진하였다. 그는 빌지를 끌어당기며 전하였다. "이 분은 더 이상침대에서 일어나지 못하실 것입니다."

레겐스부르크 제국회의는 여전히 진행 중이다. 페르디난트 2세 황제는 권력 핵심부의 발렌슈타인을 총사령관직에서 해임하였다. 그는 시종을 보내서 케플러의 병환의 차도를 빌며 30 헝가리 두카트[6] 금화를 보내고, 곧바로 배를 타고 프라하로 떠났다.

도나우어 목사[7]가 그의 생애의 마지막 순간을 집전(執典)하였다. 도나우어는 관례대로 임종하는 사람에게 물었다. "당신은 구원의 희망이 누구에게 있다고 믿습니까?" 케플러의 입술이 파르르 움직였다. 그는 마지막 있는 힘을 다하여 답변하였다. "오직 그리고 오직 한 분, 예수그리스도께 드리는 기도에 구원이 있습니다. 모든 환란으로부터 오는 위안이 그분에게 있습니다."

케플러는 죽기 전 다시 말하려고 애썼다. 그의 목소리는 입에서 나오지 못하였다. 그는 집게손가락으로 그의 앞이마를 가리킨 다음 하늘을 가리켰다.[8] 모인 사람들은 그가 무엇을 말하려는지 몰랐다.

케플러는 1630년 11월 15일 정오에 숨을 거둔다. 케플러는 생전에 묘비명을 적어 두었다.

나는 하늘을 측정하였고, 지금 땅의 그림자를 측정한다. 내 영

---

6 1 두카트는 우리 돈으로 약 16만원 정도로 추정한다.

7 도나우어(C. S. Donauer,1593-1655)는 개신교 목회자이다.

8 그는 그리스도와 악마가 조화를 가져오지 못하였기 때문에 헛되고 헛되도다(*sed frustra, christus enim et Belial numquam cuncorbabant*)라고 하였다. 그는 개신교와 가톨릭의 일치를 희구하였다.

혼은 하늘에서 왔을지라도, 내 몸의 그림자는 여기에 쉬고 있다.[9]

선제후 회의 중에 이 위대한 황실 수학자의 부음을 듣자 많은 조문객이 다녀가며 조의금을 냈다. 케플러의 장례식은 궁중 고위관리 장례절차에 따라 치렀다. 도나우어 목사는 누가복음 11장 28절을 봉독(奉讀)하였다.

하나님의 말씀을 듣고 지키는 자가 복이 있다.[10]

케플러가 죽은지 일주일 후에 30년 전쟁이 터졌다. 한번은 스웨덴 개신교 병력이 들이닥쳤다. 또 한번은 바이에른과 제국의 가톨릭 병력이 물려왔다. 그들은 케플러 묘지를 발칵 뒤집었다. 레겐스부르크의 케플러 묘와 시신은 예수 그리스도처럼 지구상에서 사라졌다. 그는 지구에서 지구의 노래와 함께 죽지 않고 영원히 살았다. 지구는 금성과 더불어 알토의 노래를 부른다.

지구는 근일점과 원일점의 15:16의 비율에서 미 파 미의 노래를 부른다. 미 파는 불행과 굶주림을 뜻한다. 수성은 소프라노, 화성은 테너의 노래를 부른다. 목성과 토성은 베이스의 노래를 부른다.

그는 지구의 그림자, 자신과 해의 그림자의 길이, 넓이, 무게를 쟀다, 그는 과학과 신앙이 하나인 삶을 살았다.

---

9 *Mensus eram coelos, nunc terrae metior umbras. Nunc coelestis erat, corporis umbri jacet.*

10 누가복음 11장 28절.

참고문헌

【자료】

J. Kepler(1596), *Prodromus dissertationum cosmographicarum, continens-mysterium cosmographicum,* Tubingae, in: ETH-Bibliothek Zuerich.

J. Kepler(1619), *Ioannis Keppleri harmonices mundi libri V, Lincii Austriae,* Linz, in: ETH-Bibliothek Zuerich.

J. Kepler(1966), *Johannes, The Six-Cornered Snowflake,* English translation by Mr. Colin Hardie of Magdalen College, Oxford Clarendon Press.

J. Kepler(1981), *The Secret of the Universe,* translated by A. M. Duncan, introduction and commentary by E. J. Aiton, with a preface by I. Bernard Cohen, New York.

J. Kepler(1992), *New Astronomy,* translated by W. H. Donahue, Cambridge University Press.

J. Kepler(2002), *Harmonies of the World, Book Five,* Edited with Commentary by S. Hawking, Philadelphia, 2002.

【논저 및 논문】

V. Bialas(2004), *Johannes Kepler,* Muenchen.

B. Binggeli(2018), "Sphaerenmusik vor dem Hintergrund des heutigen pysikalischen Weltbildes", in: *Symbolon Jahrbuch Band 21.*

N. Boehm(2011), *Zur Herauskunft der Idee der Sphaerenmusik, Brandenburg.*

A. M. S. Boethius(2009), *De institutione musics*, in: http://12koerbe.de/arche/boe-mus1.htm

H. Boettger(2005), *Harmonices Mundi, Abschiedsvorlesung gehalten am 27. Januar 2005,* Universitaet Magdeburg.

S. Clark & A. Rehding(2006), *Music Theory and Natural Oder from the Renaissance to the Early Twentieth Century*, Cambridge University Press.

R. Descartes(1978), *Leitfaden der Musik*, Hrsg. u. uebersetzt u. mit Anmerkungen v. J. Brockt, Dramstadt.

D. B. Doty(2002), *The Just Intonation Primer, An Introduction to the Theory and Practice of Just Intonation,* San Francisco.

W. Gilbert(1893), *On the Loadstone and Magnetic Bodies, and On the Great Magnet the Earth,* trans. by P. F. Mottelay, London.

O. Gingerich(2011), "Kepler and the laws of nature", in: *euresis journal, Vol. 1.*

R. Haase(www.biologiezentrum.at), "Kepler und der Weltharmonie*", in: *Oberösterreichischer Musikverein-Gesellschaft für Landeskunde.*

R. Hasse(1989), *Keplers Weltharmonik heute, Ahlerstedt.*

J. Hubner(1975), *Die Theologie Johannes Keplers zwischen Orthodoxie und Naturwissenschaft,* translated by Rev. C. L. Winkler, Tubingen.

B. Irenborn(2000), "Der Mensch als zweiter Gott", in: *Freiburger Zeitschrift fuer Philosophie und Theologie* 47.

N. Jardine(1984). *The Birth of History and Philosophy of Science: A Defense of Tycho Against Ursus with Essays on its Provenance and Significance,* Cambridge University Press.

N. Kopernikus(2008), *Über die Umschwünge der himmlischen Kreise*, Ostwalds Klassiker der exakten Wissenschften, Bd. 300, Verlag Europa-Lehrmittel.

J. Kozharnthadam(1994). *The Discovery of Kepler's Laws: The Interaction of Science, Philosophy and Religion,* University of Notre Dame Press.

M. Lemcke(1995), *Johannes Kepler,* Hamburg.

R. M. Martens(1997), *Kepler's Archetypes in Discovery and Justification, London,* The University of Western Ontario, Ontario.

J. Mittelstrass(1989), "Koperniaknische oder Keplersche Wende? -Keplers

Kosmologie, Philosophie und Methodologie", in: *Vierteljahrschrift der Naturforschenden Gesellschaften in Zuerich,* 134/3, 197~215.

P. Neubäcker(1989), "Himmelsmusik, Gedanken zur Horoskopvertonung", in: *Zeitschrift Connection*", special Astrologie IV.

B. Stephenson(2004), *The Music of the Heavens, Kepler's Harmonic Astronomy,* Princeton University Press.

J. H.Tiner, (1977)*Giant of faith and Science.Johanes Kepler*, Mott Media

R. Wille(1985), *Musiktheorie und Mathematik,* Springer.

【한글작품】

뒤벡, 「카타리나 케플러」 강명희 옮김, 이룸펴냄, 2009.

뵐켈, 「행성운동과 케플러」, 박영준 옮김, 바다출판사. 2006.

성영은, 「케플러 신앙의 빛으로 우주의 신비를 밝히다」, 성약, 2011

지명과 사항색인

인명 색인